丰田语录

〔日〕 桑原晃弥 著

毕梦静 译

中国科学技术出版社

·北 京·

图书在版编目（CIP）数据

丰田语录 /（日）桑原晃弥著；毕梦静译 . —北京：
中国科学技术出版社，2022.7（2023.12 重印）

ISBN 978-7-5046-9525-3

Ⅰ.①丰… Ⅱ.①桑… ②毕… Ⅲ.①丰田汽车公司
—工业企业管理—经验 Ⅳ.① F431.364

中国版本图书馆 CIP 数据核字（2022）第 053845 号

策划编辑	申永刚	陆存月
责任编辑	申永刚	
封面设计	马筱琨	
版式设计	蚂蚁设计	
责任校对	吕传新	
责任印制	李晓霖	

出　　版	中国科学技术出版社
发　　行	中国科学技术出版社有限公司发行部
地　　址	北京市海淀区中关村南大街 16 号
邮　　编	100081
发行电话	010-62173865
传　　真	010-62173081
网　　址	http://www.cspbooks.com.cn

开　　本	880mm×1230mm　1/32
字　　数	124 千字
印　　张	6.5
版　　次	2022 年 7 月第 1 版
印　　次	2023 年 12 月第 2 次印刷
印　　刷	北京盛通印刷股份有限公司
书　　号	ISBN 978-7-5046-9525-3/F·997
定　　价	69.00 元

前 言
PREFACE

在丰田模式中，有许多被称为"丰田语"的独特用语。比如，"可视化""报警灯""告示牌"等词，以及"问五次'为什么'""不感到困惑就无法产生智慧""用为做不好找借口的头脑来思考该怎样才能做好"等说法。

这些都是在工作中产生的智慧的结晶，也是丰田模式的实践指南。

在我刚接触丰田语的时候，我曾对这些丰田语的含义一知半解。我真正开始接触"丰田模式"是在2000年左右。

"横向传达信息、哪怕只能减少一点儿生产浪费也要去做、'商品说明书工程师'太多了是不行的……"那时，若松义人[①]先生说着一口名古屋方言，不断地向我输出这些丰田语，而当时的我并不能很好地理解这些用语的真正含义。

———————

[①] 日本资深丰田生产方式专家、企业经营顾问，进入丰田汽车公司后先后在生产、成本、销售等部门任职，1992年成立卡尔曼株式会社，任董事长兼社长。——译者注

大野耐一[1]为丰田模式的产生奠定了基础，而若松义人作为大野耐一的徒弟，也是一位纯粹的丰田人，他为向汽车行业之外的从业者普及丰田模式作出了诸多贡献。在那之后，若松义人先生创立了自己的公司——卡尔曼株式会社，将丰田模式的普及对象从日本国内扩展到了海外。

另一方面，我虽然在房地产、金融以及新员工培训行业有了一定的经验和成绩，但关于丰田模式，我还仅停留在对"汽车构造"的了解上。

后来，我成了卡尔曼株式会社的顾问，和若松义人一起参与了许多企业的生产改革。在这个过程中，我逐渐领悟到了丰田模式的魅力。在与许多实践丰田模式的经营者的交谈过程中，我也逐渐被丰田模式的魅力所折服。

在我看来，丰田模式是指，"在生产商品前，先培养人才""人类的智慧是无限的"。丰田模式将磨炼人才、培养人才作为最重要的着眼点。

在欧美企业中，有"人才是可以用金钱购买的""让员工按照操作指南来工作"的倾向，但丰田汽车公司恰好反其道而行之。

---

[1] 著名丰田生产方式的创始人，1932 年进入丰田纺织公司，1943 年调入丰田汽车公司，1954 年成为丰田汽车公司董事。——译者注

正因如此，丰田汽车公司的产品得以拥有更强的竞争力，并形成良性循环。1950年，丰田汽车公司曾一度面临破产的危机；但如今，已经成长为享誉全球的丰田汽车公司，用事实证明了丰田模式的正确性。

此外，因为丰田模式是"由人创造出的结构框架"，所以丰田模式不仅可以应用于汽车制造、商品制造等领域，也可以应用于其他诸多领域与行业。

但是，培养人才需要花费大量的时间和精力，对于下属的信赖和忍耐是必不可少的。

这就是上司们所面临的困境。虽然想尽早看到成果，但如果下属听不进去自己的意见、工作起来慢慢悠悠，上司的耐心会逐渐被耗尽，会变得想说："算了，人才培养还是先放一放吧！"

在这种时候，丰田语就会发挥出关键的作用。

比如，当下属面临难题，哀求说"我做不到，因为……"时，上司会犹豫是该听取下属的想法，还是该让下属自己解决问题。

丰田模式的做法是完全让下属自己解决问题。这就是"用为做不好找借口的头脑来思考该怎样才能做好"这一丰田语的含义。选择让下属自己解决问题，是"不感到困惑就无法产生智慧"这一丰田语所能教给我们的方法。具体该如何解决问题，则可以通过"问五次'为什么'"，即通过"在变换提问角度的同时不断思考"这一丰田语来获得答案。

人们越是了解丰田语和它的含义，就越能看清这样一个事实：诸多丰田语之间相互联系，并不断地被运用到丰田模式的实践中。

了解丰田语的过程，就是将丰田模式的力量转变为自身力量的过程。

无论在哪个企业，上司都会被要求去实现并不容易达成的目标。如今，专职的管理岗位很少，大多数情况是上司兼任管理岗位。这样一来，上司通常花费更多的精力和时间才能达成既定的目标。

但正是在这种情况下，我才更想在本书中再次强调人才培养的重要性。因为培养下属的过程也是上司自我提升的过程。

如果本书能为在工作中埋头苦干的上司提供一些思路，那便是我的无上荣幸。

桑原晃弥

目　录

第2章　先让下属勇敢地迈出第一步

第*3*章 积极地面对失败

第4章 将大脑变为"创意工厂"

第5章 对传达方式、学习方式进行革新

第1章

让下属"自己行
动，产出成果"

01.
上司的工作是"让下属无须拼命努力"

做生意的目标是得到公司想要的结果，没有人会关注和在乎你在这一过程中付出了多少努力。如果太看重努力这件事本身，通常会很容易忽视真正重要的东西。

刚刚得到晋升的丰田员工A对他的上司说："今后我一定会拼命努力工作"。不料上司却这样说道："**你的工作不是'拼命努力'，而是让你的下属能在'不必拼命努力'的情况下，提出新的创意。**"

然后，上司指向在工作中不断重复地用手举起很重的发动机组的一名员工。A看到之后说："嗯，他在很努力地工作。"但上司这样说道："举起发动机组这件事机器也可以做到，为什么要让那名员工做这样的工作呢？"于是上司命令A去调查这件事。结果，A调查后发现，果然是因为传送带出了故障，才不得已让员工代替机器来做这件事。于是，上司对A说："你的工作是负责观察你手下的员工有没有在工作中遇到困难，有没有在工作时做无用功，并对他们给予相应的帮助。重要的是你要清楚他们的工作进展到了哪一步，他们怎样才能更轻松地完成这项工作。"

丰田模式将单纯的"劳动"和能产生附加价值的"劳动"区分得非常清楚。评判的依据并非是工作时长或工作的辛苦程度，而是工作中所包含的"附加价值"。不能产生附加价值的"工作"，会被认定为是"无用功"或附带的劳动，应该成为需要被改善的对象。

曾任丰田汽车公司副社长、构筑了丰田模式的基础的大野耐一说过："对于提升效率而言，重要的是推进工程的方法，而非流了多少汗。"

02.
上司的工作其实是和下属进行智慧比拼

上司丰富的工作经验，使他们能够提出许多新的创意和解决问题的方法。在面对一项课题时，上司必须具备提前准备好应对方案的能力，比如，"用这个方法解决吧""把这两个方法组合起来怎么样"。

在丰田模式中，有这样一句话："作为上司，要成为下属可靠的师父。"作为上司，在面对工作中出现的问题时，要能在自己已经有解决方案的基础上，去指导和命令下属。

曾经有一次，丰田汽车公司的某位董事和负责汽车开发的责任人B进行了激烈的争论。时任丰田汽车公司副社长的丰田英二恰好路过，他对那位董事这样说道："B从几个月之前就开始思考这件事该怎么做了，但作为董事的你，只是突发奇想地想出某个方法，就想将其强加于B，这样做是行不通的。"

这位责任人B的上司所说的方法并没有问题。但是，在这种情况下，这位董事的发言其实是在利用自己的权威，试图将自己的想法强加于B。作为上司，应该先认真地观察下属的工作，然后再将自己的想法传达给下属。丰田英二想说的是，**"上司的工作其实是和下属进行智慧比拼"**。

上司在下达指示前，要预想一下，"如果我自己收到同样的指示，会怎样去做"。如果不进行预想就直接下达指示，实际上就是在"任由员工自己发挥"，之后等下属哭着对你说"我做不到"的时候，你应该也没办法再给他什么建议了吧。

和下属一起思考，和下属比拼智慧，这样才能在下属感到困惑时给出可行的建议。在这样的上司手下工作，下属才能提出好的创意。

03.
让下属哭也无妨，但要在下属有困难时全面支援

上司承担着比下属更为重要的责任。所以，在开始一项工作时，作为领导，请说出"我会负责"这句话。这句话相当于向下属表明"我相信你"，能够唤起下属的斗志。

中村健也被丰田英二提拔为丰田汽车公司首任主要调查人时，发生了这样一件事。

中村健也是一位卓越的设计师，并且具备很强的指导能力。但是，第一代丰田轿车的研发指导工作，是一项非常艰巨的任务。该如何安排不同岗位的员工共同完成这项任务？该如何调解不同员工在意见上的分歧？不安的情绪一直笼罩着中村健也。洞察到这一情况的丰田英二这样说道："健也，不要畏首畏尾的，你是独一无二的。就算真的出问题了，我会来承担责任。"中村健也从这番话里感受到了丰田英二的真心，于是他努力地工作；在1955年，他完成了丰田汽车公司第一代"皇冠"汽车的研发工作。

大野耐一当初刚开始向全公司普及前所未有的丰田模式时，也说过类似的话。大野耐一将普及丰田模式的任务交给了刚进入公司2~3年的新员工。因为老员工适应新的模式需要花费一些时间。在大野耐一看来，锻炼新员工，培养他们成为领导人，是一条捷径。但这件事对于新员工来说其实并不容易——无论是学习丰田模式的精髓，还是指导比他们大10~20岁的老员工。大野耐一一边非常严厉地说"如果总有人要哭，让年轻人哭会更好一些"；一边对年轻员工的上司下达了这样的指示，**"无论你的下属有什么问题，你都要全面地支援他"**。

　　一方面，对下属委以重任；另一方面，一旦出现问题，直属上司和大野耐一会立刻赶到并给予援助。

04.
你工作的目的是什么？同事认可的话，你也会开心吧

"我要去哪里""我能发挥什么作用"，当这些问题的答案变得明晰时，任何人都能发挥出自己的智慧。如果下属变得被动、在工作中敷衍了事，那么他们也会对工作的目的和意义感到迷茫。

被分配到丰田技术部门的新员工C最初的工作是负责变速箱的振动实验。某一天，他的上司突然对他说："好好想想你这份工作的目的是什么，你是为了什么而工作？"

"是测量振动，"C说。

"那你就混淆了工作的目的和手段，"C的上司说。

C的上司接着说，"工作的目的应该是为了让自己开心。'能完成这项工作真开心'，这才是工作的目的。为什么会开心呢？因为负责下一道工序的人对你的工作成果感到满意、感到开心。这时，你就能因为获得他人的认可而感到开心。"

在丰田模式中，有这样一句话："前一道工序是神，后一道工序是顾客。"这里所说的"顾客"并不是指丰田汽车的购买者或客户，而是指负责自己下一道工序的同事。无论自身处于什么工作岗位或负责什么工序，如果能把负责自己下一道工序的人看作"顾客"，工作的目的和意义就会变得明晰。

上司想对C说的是，"不要按照指示来工作，而要试着站在负责收集实验数据的人的立场上考虑问题，做出更好的实验"。这样，工作的质量就能得到提升。

让下属注意到工作的目的和意义，是上司的重要职责之一。

05.
不要告诉下属解决问题的方法，而是让他们自己
找到答案

　　培养下属时，不要对他们进行命令，而要对其进行提问。一名优秀的领导通常能在面对问题时有自己的解决方法，但是在告诉下属解决方法之前，首先应该具备等待下属自己解谜的耐心。

　　丰田模式非常看重员工"自己寻找答案"的态度。

　　面对问题时，不要暂且应付了事，而要彻底地解决问题，"问五次'为什么'"。

　　要查明真正的原因而不是表面上的原因，方法有很多种，不要满足于一种方法。

　　当然，这样做会花费很多时间。

　　下属在直面问题时，会想早一点找到解决方法；上司为了提升工作效率、避免失败，也会想要把解决方法直接告诉下属。所以，通常就会演变成这样一种局面：在面对问题时，上司一不小心就会

直接告诉下属该如何解决，下属则会直接按照上司的指示来处理问题。大野耐一对这种做法所产生的弊端十分警惕，他经常说的一句话就是：**"不要像教育家一样过早地告诉下属答案。"**

"指导"和"听从"无法培养出丰田模式最看重的"能发挥自己智慧的员工"。

在运用丰田模式进行生产改革的企业中，曾出现过这样的现象：原本十分顺利的改革活动突然陷入停滞不前的状态。

遇到问题时，在通常排除了常见的影响因素之后，再想找出其他影响因素会很困难。这时，急于推进改革进度的领导就会在现场直接告诉员工该怎么做。这样一来，虽然从短时间内来看，改革有所进展，但实际上已经无法达到培养员工的目的了。于是，改革小组只能从头开始，"一边给予员工建议，一边耐心地等待他们自己找到解决问题的答案"。

06.
工作无法靠权力和权威来完成，而要通过理解和
领悟来推进

作为上司，如果只会坐享其成、不分青红皂白地命令下属，责骂下属"你不懂是因为你太笨了"，下属会很难和上司齐心协力。上司必须具备很强的耐心，"即使下属的发言毫无道理，也要认真地回应""对于领悟力较差的下属，要耐心地向他说明，直到他理解为止"。

某企业想引入丰田模式，D被选作这一项目的负责人。但是，企业各部门之间的利害关系十分复杂，D无法得到全公司的整体协助。感到为难的他一边哭一边对社长说："请再给我一些权力吧，不然这工作我真的没法干了。"

社长的回答是："你去和大野耐一商量吧。"于是，D去找了大野耐一。大野耐一什么也没说，只是带着D在工厂里视察了两天。然后，大野耐一问D有什么感想。

D非常直率地说道："虽说丰田汽车公司的工厂名不虚传，但是也有和丰田模式的基础相违背的地方。"大野耐一听了之后，说道："就像你所看到的一样，其实我也在忍耐。完成一项工作所需要的并不是权力，而是理解力和领悟力。产品制造的过程也是培养人才的过程，最终能否成功，取决于上司指导员工的方法。"

时任丰田汽车公司常务董事的大野耐一虽然手握大权，但他没有依靠自己的权力来命令员工。因为他深知，即使员工会因为自己的权威而假意听从，但如果他们在内心不能真正地理解和接受，那么在上司看不到的地方，他们将不再会听从上司的命令，依然我行我素。作为上司，必须自身能做到耐心地说服下属、凡事冲锋在前，这样才能让下属发自内心地为公司工作。

丰田汽车公司的某位首席工程师也曾被前辈这样说过："首席工程师没有命令权，也没有所谓的权威，有的只是说服别人的能力。如果你觉得某一件事是正确的，就去说服对方接受你的想法。"

07.
不要用过去的数字来计算人的能力，要加上将来的发展空间

虽然数字可以很好地展现公司的经营情况，但对"难以通过数字展现出来的人的潜力""改进之后会变成什么样"等重要的因素，则需要领导来考量。

大野耐一曾经对科长E说："这5 000辆车的任务所用员工不得超过100人。"没想到3个月之后，E对大野耐一报告说："我们用80人就完成了这5 000辆车的任务。"于是，大野耐一问道："那完成10 000辆需要多少人？"E回答说："因为完成5 000辆需要80人，所以完成10 000辆需要80人的2倍，也就是160人。"大野耐一听了之后非常生气。因为E只是在进行最简单的"算术"，而作为科长，他的职责应该是考虑该怎样用更少的员工来完成这项任务。

实际上，如果下属和大野耐一说"需要不到10名员工"，那么大野耐一通常会只增派2~3名员工。虽然这种做法最初会招致许多不

满，但人在身处困境时，会竭尽全力地发挥自己的智慧，想出可以只增加2~3人也能完成工作的方法。不久之后，只增加2~3人就能完成工作也成了常态。

后来，科长E通过不断的优化，不久之后就实现了让100人完成10 000辆车任务的目标。

人、物、经费预算、时间等经营资源，经常会短缺。在各方面都可能短缺的情况下，要想进一步推进进度，就必须发挥出更多的智慧。

大野耐一也曾这样说过："可以计算工时，但不可以根据计算的结果而做出'人员不足''做不到'这样的判断。所谓'能力'，绝不是可以计算的东西。不断发挥出智慧时，每个人的能力都可以得到无限提升。"

丰田汽车公司的某位管理者曾在员工聚会上抱怨说："人手不够，时间也不够，每天都在加班。"大野耐一却这样反驳，"不够的不是人手和时间，而是你的智慧吧"。这就是丰田模式的思考方式。

08.
不要只是"听见"，要去"倾听"和"询问"

无论是听取多么详细的报告或参与多么重要的谈话，作为上司，如果只是表面上点头表示同意，但实际上左耳进右耳出，是不会取得成果的。有一个词叫"有眼无珠"，但需要注意的是，也不要让耳朵成为摆设。作为上司，要以成为"下属想请教的对象"为目标而努力。

在丰田模式中，所谓的"听"分为"听见""倾听"和"询问"三种。

当负责帮助某企业进行生产改革的丰田员工F被问到"没有出现什么问题吗"时，虽然实际上遇到了两三个问题，但他依然回答说"没有遇到什么问题"。

但是，当F被具体地问到"仓库整理好了吗，不合格产品处理好了吗"时，二三十个问题浮出了水面。后来，当F亲自去工厂调查，一个个深入地询问"这里进展得怎么样"时，有上百个问题显露了出来。

　　本田技研工业株式会社创始人——本田宗一郎曾说过："'看'分为'看见'和'观察'两种。"本田宗一郎和被称为丰田汽车公司的"中兴之祖"的石田退三（曾任丰田纺织公司社长、丰田汽车公司社长、丰田会长等职务）有很深的缘分。本田宗一郎虽然很擅长绘画，但在画牛的时候不知道牛角是长在牛耳朵前面还是后面。于是，他去问了养牛的人，没想到养牛的人也一时回答不出来。但当他去问画家时，画家很轻松地就画出了牛的真实样貌。从此以后，本田宗一郎便认为"要想抓住事物的本质，观察是非常重要的"。

　　作为上司，要根据不同的场合灵活运用"听""倾听""询问""看"和"观察"等技巧，这是非常重要的。与此同时，下属也能在平时的耳濡目染中学会灵活运用"听"和"看"的技巧。

09.
让想法可视化

"可视化"是丰田模式的代表之一，其含义就是扩大可视的范围，把眼睛看不到或难以看到的事物变得清晰可见。如果看不到，谁都无法注意到某事物是否存在问题；但如果能看到，谁都可能注意到其中的问题。因为信息能够共享，所以更容易用合力解决问题。在可视化中，有可以看到异常的"报警灯"（详见本书第3章第6节）、可以发现能力的"得星表"（相扑比赛中，用黑白星表示胜负的表）等许多做法。在本节中，我将对"让想法可视化"做具体地论述。

被任命为某企业领导的G之前曾在其他企业担任过相关职务。他自身的经验，使他对企业管理有很强的危机感。他认为，"如果不进行生产改革，公司会很难存活下去"。因此，他明确地描述了公司几年后的理想状态。

但他的想法始终没能真正地传达给员工。大家都觉得"自己已经很努力地在工作了"。

于是，G以插画的形式画出了理想工厂的样子，并把它张贴在员工能看到的地方。就连未来的生产线，G也把它们做成模型展示了出来。

这样，G的想法渐渐地被员工理解，不断地发挥出他们的智慧。有越来越多的员工会指着插画和模型说"这个地方如果做出修改会不会更好"。不久之后，该公司的改革就顺理成章地开始了。

当自己的想法不能被对方接受和理解时，即使责怪对方可能也无济于事。所以，就认定是自己的表达方式或传达方式有问题吧！如果无法用言语传达，那么就用图表、插画或模型来传达。如果只说一次无法很好地将自己的想法传达给对方，那么就说两次、三次，并尝试各种方法。如果还是不行，那么就以身作则，用行动来传达自己的想法。

10.
能看到，就能产生智慧

"可视化"被活用于丰田模式的各种情境之中。要想集思广益，可视化是最有效的方法。

有一个例子，实践丰田模式的企业经营者H对人事部门的负责人说："我想看一下年初大家定下的年度目标。"人事负责人回应说："大家的目标都已经输到电脑中了，您随时可以在电脑上查看。"H接着说："在电脑上看，一次只能看到一个人的目标。如果想要一次看到所有员工的目标，会很不方便。不如把大家的目标都打印、张贴出来。你觉得怎么样？"

虽然H这样说，但负责人并不太情愿这样去做。于是说："公司的员工太多，这样打印、张贴出来之后，会占用很多的空间；而且把能在电脑上看的东西打印出来，这不是浪费吗？"

H听后这样反驳道："信息，是不能一直被藏起来的。使其可视化，让大家平常都能看到，说话时会提到，这样才能发挥信息本身的价值。"

即使在想看的时候能看见，信息也不一定能发挥出它的作用。所以，重要的是使信息即使在没有想被看到的情况下，也能被不经意地看到。因为这些信息一旦映入眼帘，看到的人心里就会和别人（的目标）相比较，大家也会一起讨论这些目标。H认为，这样会有利于员工发挥自己的智慧。

果不其然，当负责人将全体员工的目标都张贴出来之后，员工会互相询问对方的目标进展情况，比如"最近努力了吗"；也会主动发挥自己的智慧，向对方伸出援手，比如，"好像这个方法会有助于你实现目标"。

这就是"能看到，就能产生智慧；看不到，就无法产生智慧"。不要把"太麻烦了""不方便""很难为情""没有必要"等作为借口。轻视了可视化，是万万不行的。

第1章
让下属"自己行动，产出成果"

11.
培养能超越自己的下属

好的上司即使在与下属进行智慧比拼时输掉，也不会感到郁闷，反而会感到骄傲。这是因为他们清楚地知道，上司的职责之一就是培养出能超越自己的下属，构建出不需要进行管理的组织体系。

负责开发汽车制动器的某位丰田员工说："在制动器中，有brake feeling（刹车触觉）这样一种东西。关于这种东西，不同国家之间有所差别，男女之间也有所不同。这其中的微妙差异只能通过亲身体验来获得"。这就是用几十年掌握一项技术的工匠精神的体现之一。

这种只有工匠才拥有的感觉、理解力、隐性知识等，完全无法在员工培训和操作指南中传达。只能通过日复一日的工作来传承，培养人才的诀窍也正在这里。

特别是丰田模式将人的智慧作为根基，所以培养出"用智慧工作的人"就显得尤为必要。不是按照上司的指示工作，而是自己下

023

功夫，超出上司的指示完成工作。只有培养出这样的员工，才能使企业的永恒发展成为可能，才能为社会生产出有价值的产品、提供有价值的服务。

因此，丰田模式强调"在生产商品前，先培养人才"。

关于这一心得，丰田英二是这样说的："我希望大家作为管理者能培养出超越自己的下属。"

在丰田汽车公司里，对管理岗位的考察因素里有"活用人才的能力"和"声望"这两项内容。众所周知，管理岗位上的人需要具备活用人才、培养人才、吸引人才的能力。作为领导，必须拒绝这种诱惑，即把下属培养成自己的翻版或自己用起来得心应手的人。

12.
下属的智慧是无穷的

如果用一句话总结丰田模式，那就是"人类的智慧是根基，自动化和准时生产是两大支柱"。

"自动化"由丰田的始祖丰田佐吉①提出。丰田佐吉发明的自动织布机能在线被切断时，自动停止运转。这也意味着"如果发生异常，生产线会自动停止运转"。

"准时生产"由丰田汽车公司的创始人丰田喜一郎提出，这一说法是"只在必要时生产必要的东西"这一丰田模式的前身。

此外，最重要的是"以人类的智慧为根基"。丰田模式所有的方法都是为了能引导人们发挥智慧而存在的。相信人类的智慧，并坚持"每天改进、每天实践"，这就是丰田模式。

丰田汽车公司的某位科长在接到一个艰难的任务之后，立刻回

———————

① 日本发明家，日本织机改革家，丰田自动织机的创始人。——译者注

答说"我做不到"。于是,大野耐一非常生气地说:"你有那么多下属。人如果认真起来,无法预测能发挥出多大的智慧,而你无视下属的智慧,跟我说'做不到',但事实不该如此。"

"人类的智慧是无穷的,要相信人类无穷的智慧",这是非常重要的一点。丰田模式认为,如果能发挥出智慧,那么原本做不到的事情也可能做到。

丰田模式是所有员工的智慧结晶,是不断发展、前进的,因此也是其他公司无法简单效仿的。在对某产品进行优化时,并不是说"这样就可以了",因为减少浪费是永恒的工作。大野耐一在他1978年出版的书中曾这样写道:"丰田的生产方式还在不断完善的过程中,凝聚了全体丰田员工智慧的大量改善方案,使丰田每天都在向前迈进"。这句话,在今天依然受用。

　　我们必须拥有能经常提出新方案的能力，其根基就是人的智慧。重视顾客、洞察市场，每个人的智慧都能将想象变为可能。

——丰田英二

　　在我看来，"培养人才"的关键是"价值观的传承"，也就是传承"看待事物的方法"。在工作现场通过实际行动让后辈理解"这样做比较好""这样做很重要"。

——张富士夫①

---

①　日本著名企业家，曾任丰田汽车公司总裁，出生于中国大连，毕业于日本最高学府东京大学法学院。——译者注

第2章

先让下属勇敢地迈出第一步

01.
有想法之后，先试着去做

许多成功人士和有能力的经营者都将"总之先试着去做"当成工作中不可动摇的原则。

丰田模式也是如此。在丰田模式中，有许多诸如**"有想法之后，先试着去做""用为做不好找借口的头脑来思考该怎样才能做好"**等强调行动重要性的说法。

某个引入丰田模式的企业曾在工厂设立"立即执行小组"。这是因为工厂中每个部门的排他意识都很强，所以员工普遍有这样一个坏习惯：即使发现其他部门工作中的问题或危险，也会因为觉得"多一事不如少一事"而闭口不言。

这样，不仅无法改善生产，甚至还可能会有危险发生。

因此，该企业创立了这样的体制：值班科长巡视工厂，将"东西没有整理好""绝缘电线太多了，很危险"等事情写在值班日志中。然后，看到值班日志的领导对此进行判断，提出具体的应对措施。最后，"立即执行小组"在当天执行。

如果只是把问题写下来，或者只是把写下来的问题看一遍，将很难意识到问题的严重性。如果开会讨论，则容易引起纠纷，而且还有延迟处理的可能。

当天的问题最好当天解决。这样既能立刻知道结果，而且在知道结果之后也能立刻判断结果的好坏。

所有的事情皆是如此。比如，在有了想法之后，最好在展开讨论之前先试着去做。这样一来，就会立刻清楚这个想法的优缺点以及需要改进的地方。这时再进行讨论，效果会更好。

02.
没有写清"打算做什么"的报告是没有价值的

丰田模式并不是可以轻轻松松地让人们得到想要结果的"魔法",而是脚踏实地地不断进行改进的"接地气"的实践方法。仅仅"明白了""受教了"是不行的,必须亲自"实践"。

年轻的丰田员工A曾经参加了一个由外部团体主办的研讨会。会后,他立刻把研讨会的内容整理成报告,并在第二天就向上司提交了,他对上司说:"很感谢公司让我参加这次研讨会。"上司看了报告之后对A说:"你辛苦了。那么你对研讨会的哪些内容印象深刻呢?你有没有想过可以把在研讨会上学到的哪些内容用在自己的工作中呢?"

A一时间感到不知所措。上司说道:"如果你的报告里没有写清楚你接下来准备怎么做,那么这份报告就是没有价值的。重要的是,通过研讨会,发现自己的问题,并思考具体该怎样做才能解决这一问题。你再重新回顾一下研讨会的内容,然后好好想想可以如何用活研讨会的内容。两三个月后，我希望你能向我汇报你的实践成果。"

很多人大多是以一种被动的姿态参加研讨会的，并且觉得只要参加了研讨会，"就算完成了任务"。上司通常也不对员工参加研讨会抱有什么期待，只觉得"参加这个研讨会应该会有点用"，然后为此花费时间和金钱。

但是，重要的是实践，是尽早将学到的东西运用到实践中。如果是很难立即进行实践的内容，就把它当作"将来的课题"，每天向它迈进一点。

总结报告的目的就是为了能立即将其内容运用到实践中去。

03.
不要问下属"明白了吗"，能运用到实践中才算真正"明白了"

未能取得预期成果的绝大多数原因并不是"理解得不够深刻"，而是"实践得不够充分"。即使下属说"我明白了"，也并不意味着他可以取得成果。上司需要做的是推下属一把，让下属去实践。

年轻的丰田员工B在工厂开展改善活动，并向大野耐一进行了汇报。但当他被大野耐一问到"你看到结果了吗"的时候，却无言以对。

确实，B向工厂的员工说明了要进行改善的内容，并且也问了他们"明白了吗"，也收到了他们"明白了"的回答。但是，B以为这样就算完成了任务。他觉得"这样我就能放心了"。所以，之后并没有重新回到工厂检查进展。

在被大野耐一问过之后，B慌忙地去了工厂，却发现员工的工作并没有按照他所想的进行。于是，他又重新问大家："你们实际操作之后，感觉怎么样？"这才发现，大家在亲自实践之后发现有很多做起来很困难的地方。于是，B又立刻针对有问题的地方进行了改善。B一直站在工厂里，一旦发现问题就继续对其进行改善，直到员工的工作能继续顺利进行。

大野耐一说："能运用到实践中才算真正'明白了'"。

真正的"明白了"，是能将理论运用到实践中。看到对方的行动发生了变化，就能意识到对方是"真的明白了"。

关于上司的立场，大野耐一是这样说的："不要问下属'你明白了吗'。如果不能在看到下属的行动之后立即判断出他是否真正明白了，那么作为上司就是不合格的。"

04.
百闻不如一见，百见不如一干

亲身体验比什么都重要。正是因为上司可以一边试错，一边开拓道路，所以能够明白下属的想法，并给下属提供明确的指导。

成功引入丰田模式的某企业经营者曾经这样说过："只靠别人来教，成效是很微弱的。通过亲身实践学到的本领，才能有很强的效果。总之，先试着去做。"

大野耐一曾建议学习丰田模式的人在丰田的工厂里实际工作几天。因为如果只是问、看、学，是无法拥有教会别人的能力的。大野耐一认为，只有自己亲身体验，才能拥有向全公司普及丰田模式的能力。

俗话说，"百闻不如一见，百见不如一干"。

日本某食品生产商曾在原丰田员工C的帮助下运用丰田模式实现了生产改革，并想将丰田模式的生产改革扩展到国外的工厂。于是，C在国外也采取了和日本同样的方法：每个月进行员工培训，之后能否亲身实践则依靠员工的自觉性，在第二个月会检查员工的工作成果。国外工厂的很多员工都参加了这次培训，所以C自认为"改革进行得很顺利"。

但是，半年之后，在生产现场仍然没有发生任何变化。

C感到非常吃惊，他一探究竟之后才明白，这是因为参加培训的员工都觉得"我的目标只是学习丰田模式，而不是实践丰田模式。"

自己意识到问题之后，大家共同发挥智慧解决问题，这才是丰田模式。发现问题根源的C立刻减少了讲座的数量，将讲座变为生产现场教学。于是，那些原先觉得"这并不是我的工作"的参加培训的员工开始积极地参与到改善活动中，国外工厂的生产改革也正是从这时开始步入了正轨。

05.
刚开始能得 60 分就可以，总之，先向前迈进

一想到可能会失败就会感到不安。这时，我们通常会从外部来寻找产生这种不安的根源；但实际上，之所以出现问题，大多是因为我们自身的完美主义在作祟。

这件事发生在某企业刚开始运用丰田模式进行生产改革时。D作为领导，非常清楚地意识到自己公司生产方式的局限性。但是，全体员工都觉得"公司目前是赢利的"，因此对改革持反对意见。即使D说服员工说，"如果不在还有余力的时候开始改革，那么之后再想进行改革，就只能从整顿员工、缩小业务范围等对公司不利的做法入手了"，但无济于事。

于是，D改变了想法，觉得"只要前进的方向不和改革的方向完全背道而驰就可以。如果发生了问题，那么在中途进行改善就好"。然后，D将一条生产线作为样本，开始进行改革。

采用新做法，当然会出现很多问题，只是样本本身的问题就十

分显著。但是，D在进行改革的过程中，渐渐地让员工都能发挥出自己的智慧，比如大家一起出谋划策，"这样做如何""这里有什么问题"，等等。不久后，生产改革开始步入正轨，公司也顺利地渡过了之后遇到的难关。

不要一开始就想得满分。只要方向是对的，那么就能在不断改善的过程中向前迈进。首先要做的是：迈出第一步。

"不要以100分为目标，60分就可以；总之，先向前迈进。"这就是丰田模式。

如果你的下属因为深陷完美主义而对即将开始的改革犹豫不决，那么你可以这样鼓励他："最坏的结果也不可能会比现在更差。所以，就放心大胆地去做吧！"如果一心想做到完美，就会害怕"万一发生什么不好的事情该怎么办"；但当上司说"最坏的结果也不可能会比现在更差"时，下属就会想"既然这样，那就试着去做一下吧"。

06.
改革不要想一蹴而就，可以先从一部分开始

如果想从一开始就推进全面改革，一定会有很多人反对。因为无论哪个企业都是因为过去做出了一些成绩才能走到今天。即使现在处境不好，但如果全面否定过去，员工会是什么心情呢？只能是反抗或感到无力吧。如果上司依靠自己的权威，强行让员工接受类似"过去的做法是不好的，只有现在这种做法才正确"的想法，然后强行推进改革，也许会收获类似休克疗法的效果，但注定是无法长久的，不久之后又会回到原点。

丰田模式十分注重"不要一蹴而就，而要循序渐进"。

当经验丰富的人在生产现场或服务现场时，可以立刻看出来哪里存在问题，并在心里描绘出"这样做会比较好"的愿景。

即便如此，他们也无法一下子将自己的愿景变为现实。因为这是对过去的全盘否定。

不会出错的方法是选取一部分作为试点。如果是餐厅等连锁

店，可以选择其中一个分店作为试点，引入新的方法；如果是工厂，则可以选择一条生产线作为试点，其余的生产线还按照原来的方式进行生产，只对被选为试点的生产线进行彻底改革。

这样一来，员工可以通过观察来发现在改革中实行的新方法有哪些优缺点，因此也能更好地理解为什么要进行改革。之后，再循序渐进地扩大试点范围。这样做虽然会花费很多时间，却可以使改革顺利地进行下去。

作为试点的生产线凝聚了生产现场所有员工的智慧。所以，即使是从60分开始的改革，在不断凝聚群体智慧的过程中，也在逐渐向100分逼近。

07.
今日事今日毕

在"等等再说"的过程中，机会也就随之溜走了。遇到事情时，必须要当场做出决定并立即执行。

在丰田模式中有一个词叫"全部做完"。在运用丰田模式进行生产改革时，社长E时刻将这个词铭记在心。

已经习惯了"大量生产同一种商品"的员工，在向丰田模式的"多品种少量生产"转变时，会感到非常不习惯。要一边从根本上转变自己的思维方式，还要一边在实际的操作中适应。因此，随之产生的问题也堆积如山。

E的公司也面临着同样的情况。从零件不全、夹具（为使刀具能够精确地对准工件而进行定位、支撑或导向的工具）不合适等问题，到操作时产生误差，等等，问题层出不穷。

E下定决心要在发生问题的当天解决所有问题。因为在E看来，"如果把问题留到第二天，那么员工明天还是会面临同样的问题"。

所以，不管加班到几点都要彻底贯彻"全部做完"的原则。

丰田模式的做法就是**"今日事今日毕"**。

即使把事情往后拖，问题也不会自然而然地得到解决，反而会使事情进一步恶化。即使是很小的问题，如果一直拖着不解决，就会一直困扰员工。如果像丰田每分钟生产一辆车，那么员工每分钟都要受到一次困扰。

像E这样，即使加一会儿班，也要在第二天早上之前把问题解决的意志和行动力，是必不可少的。

08.
不要想"昨天"和"明天"，把今天做到最好

长年实践丰田模式的企业经营者将不断进行改善的秘诀总结为"欲望"二字。这里所说的欲望并不是"对于金钱的欲望"或"对于名誉的欲望"，而是指想要生产出更好产品的"成长的欲望"。

商人自不必说，创作者、研究者、运动员和冒险家也是如此。能让他们长时间在第一线熠熠生辉的原动力就是"想做得更好一些"的欲望以及"想比昨天的自己更优秀"的欲望。

这在丰田模式中的说法是，"今天比昨天更好，明天比今天更好"。也就是通过每天不断进行改善实现每天进步一点。即使是很小的改善，通过不断重复"每天改善、每天实践"，也能在1年后、2年后、10年后收获巨大的成果。

虽说如此，每天都能有所改善却不是一件容易的事情。这是因为，如果能轻松地在今天有了改善，人们就会觉得"进行改善也不是什么难事儿，这样的话不久之后应该就没问题了"因而产生懈怠。

大野耐一把这种沾沾自喜看作扼杀改善的萌芽的行为，"虽然在进行改善，但如果不久之后就觉得没什么问题了，实际上你的改善已经失败，你已经不会再有进步了"。**必须要这样想才可以："昨天已经改善的事情今天却可能会做不到，今天已经改善的事情明天也可能会做不到"。**

　　丰田模式认为**"维持现状等于后退"**。正如中国古话"逆水行舟，不进则退"。

　　自认为"今天和昨天比起来已经好多了，所以可以继续沿用这个方法"，其实只不过是一种自我宽慰。无论你今天取得了多大的成功，一旦放松下来，就会瞬间被对手赶超，这就是当今社会普遍存在的现实。所以，不要和昨天比较，不要想着"明天再做吧"。把今天的情况想成最差的情况，然后在今天努力做到最好，这就是丰田模式。

09.
朝令昼改也无妨：发现错误后，要立刻改正

计划被打乱的实质其实是在工厂或销售一线的员工认为"计划不合理""计划不符合现状"的一种无言的表达方式。因此，当计划未能顺利实施时，不要再继续执着于按计划进行，而应该立刻开始调整计划，这才是正确的决定。

大野耐一经常强调："朝令夕改已经太迟了，朝令昼改也无妨""导入微调机能"。

关于朝令昼改，大野耐一是这样说的。"所谓朝令昼改，并不是指早上宣布了模棱两可、没有自信的计划之后，在还没看到结果时，就已经改变了想法。我们需要做的是在开始行动之后，通过观察事情的结果或者由于环境的变化，而发现'这样做是不对的'，然后立刻进行改正。所以，朝令昼改也很好，不是吗？"

即使是经过深思熟虑且非常自信地提出的指示或计划，也会因为时间和环境发生改变而行不通。在这种时候，必须立刻承认错

误，并进行改正。

此外，丰田模式在产品制造中引入了"微调机能"。

市场的需求是在不断变化的。即使最初计划"A是40辆，B是60辆"，也可能会在截止日期前突然完全颠倒。面对市场上突如其来的变化，逐一开会或进行书面请示，是来不及的。

在丰田模式中，有一种"生产指示书"在工厂内随处可见，人们可以根据指示书上的内容来应对计划的变更。这种"生产指示书"被称为"告示牌"，是世界上著名的"告示牌方式"的工具。

10.
不要做只会指出问题的诊断师，而要成为能改善现状的治疗师

丰田模式很讨厌所谓的"评论家""批评家""分析家"。因为无论什么时候，在现场工作并提供商品和服务的都是执行者。

丰田模式即使是在和其他部门或公司进行合作时，也不会只在口头上说说，而是亲身实践。

这是在丰田汽车公司为确立量产体制，而推进工厂扩张和指导合作公司时发生的事。当时，丰田卡罗拉汽车的需求量暴增，导致铸件的生产速度跟不上。年轻的丰田员工F立刻向大野耐一汇报了问题。然后，大野耐一说："既然这样，**你去生产铸件的工厂，帮助他们想出解决办法。**"

就像"旁观者清"所说的道理一样，人们通常很容易发现并指出与自己无关的、其他人的问题。但是，只是指出问题并不能解决问题。

大野耐一经常对负责进行改善工作的人说：**"你不是诊断师，而是能够改善现状的治疗师，不是吗？"**

　　"不要做诊断师，而要成为治疗师。"听了大野耐一的话之后，F去了铸件工厂，指导工人解决问题。虽然让年轻的F来指导有匠人气质的员工并不是一件容易的事，但通过每天从早到晚和员工一起进行改善活动，没过多久，铸件的生产效率就翻倍了。

　　如果没有具体的对策，即使指出"减少员工数量就可以解决""减少浪费就可以解决"，也没有人会认真听从。作为领导，需要做的是告诉员工"具体应该怎么做"。有具体的对策，能偶尔亲自去现场参与工作，并取得成果，这就是丰田模式。

丰田语录

纸上谈兵，是赚不到钱的。

——大野耐一

如果不管怎样都要去做，就干脆按照自己的想法大干一场吧！

——石田退三

丰田喜一郎并非天才。他只是在面对"一般情况下"做不到的事情时，不是想想而已，而是依靠"不管怎样也要去做一下试试"的强大信念，进行充足的准备之后去做了。

——丰田英二

第3章

积极地面对失败

01.
不要让充满干劲的人感到挫败

　　丰田模式认为，没有经历过失败，就不能有真正的成功。但是，不要让他人经历无法"重新站起来"的失败，这是培养人才时的心得。

　　大野耐一曾教导那些对下属的失败严加斥责的上司，"光严厉是不行的，**要注意不要让充满干劲的人感到挫败**"。

　　"有干劲的人即使觉得'自己可能做不到'，也会试着去做。他们有时也许会失败，但当他们失败时，不要说一些让他们感到挫败的话。**即使你说了很严厉的话，但也要在能帮到他们的地方伸出援手。**"

　　失败本身并不可怕，可怕的是因为失败而失去了信心。在下属失败时，作为上司，要表扬他们敢于挑战的勇气。只有这样，才能培养出人才。

　　丰田汽车公司的某位技术人员曾说过他的一段经历。

"如果要说我学到最多的东西是什么，那就是失败。失败一定会有连锁反应，但不断试错这件事本身终将成为工作中的捷径。"

在成长的过程中，失败和成功同样重要。

对于因为害怕失败所以害怕尝试挑战的员工，上司要能成为他们坚强的后盾。正是因为不断地失败，才走到了今天。只有失败，才能决定接下来前进的方向。

如果失败了，就去调查失败的根本原因，然后继续努力就好了。虽说如果不挑战就不会失败，但不挑战也不会学到什么新的东西，更不会有新进展。"面对失败的处理很重要"，这是丰田模式的根基之一。

02.
试着逃离成功的自我满足感

虽然有"顾客创造""顾客创新"等名词，但首先需要我们自身把工作做好，让顾客能看到产品的闪光点，并以此激发出顾客的购买需求。

反过来说，所谓认真地做好工作，就是指我们的工作能得到顾客的认可。

在开发第九代卡罗拉系列汽车的过程中，时任丰田汽车公司首席工程师的吉田健始终以开发出"能让顾客明显地感觉到变化的车"为目标。

卡罗拉是丰田20世纪的代表车型之一，但此时陷入了滞销的困境。因为顾客普遍认为，"即使对其进行产品更新，（和原来的产品相比较）也不会有太大的差别"，因而感到厌倦。对于吉田健来说，虽然他认为卡罗拉"必须要有所改变"，但"绝不能失败"的意识始终占据了首位。所以，改来改去也还是在原来的延长线上，并没有实质性的突破。面对这样的吉田健，当时的丰田汽车公司社长奥田硕（曾任丰田汽车公司资深顾问、日本经济团体联合会会长）的话成了吉田健坚强的后盾。

"**即使失败了也没关系，大胆地去创新吧！一直以来，我们之所以没能成功地实现创新，是因为我们始终没能从曾经的成功带来的满足感中逃离出来。**因为卡罗拉对丰田而言是非常重要的车型，所以不能失败。这种想法一直萦绕在大家的脑海中。"

直属上司的这番话也给了吉田健勇于创新的力量："**即使你认为丰田实现了创新，但如果其他人并不这么认为，也是无济于事的，不是吗？**"

即使自己觉得"我创新了"，如果得不到顾客的认可，那么到头来也只不过是自我满足罢了。所以，为了能得到顾客的认可，就必须下定决心去创新，并且要做到超乎自己想象的创新。

03.
写"失败报告书"

好的领导不会被失败困住，会观察下属面对失败时的态度，并据此下达指示或进行评价。

曾经，有一名年轻的丰田员工A在经过正式的书面请示之后，向美国的生产商订购了零件开发所需的机器。但是，虽然他订购的这款机器非常昂贵，却并不好用。与如今资讯发达的时代不同，在当时那种信息闭塞的时代，发生这样的事情不足为奇。A向上司道歉，向丰田英二鞠躬认错，并说："是我没有把事情办好。"

"那你明白那个实验的道理了吗？"

A错把丰田英二先生说的"实验"理解成了"失败体验"，于是回答说"明白了"。

"明白就好，这次的失败就是你交的学费。"

丰田英二只说了这一句话，完全没有责怪A。

在丰田模式中，上司几乎不会直接责怪员工的失败，反而会因

丰田语录

员工不敢挑战而加以批评。虽然由于不够重视或准备不足而导致的失败是不能被原谅的，但是已经做了充分的准备却还是失败了的情况，是可以得到原谅的。这就是丰田模式。

关于失败，丰田英二是这样说的。"在公司里，**即使失败了也没关系，所以就放心大胆地去做吧！**失败之后，要写一份**失败报告书**。因为如果只靠大脑来记住，这次失败的经验是无法传授给后来员工的。"

失败之后，为了避免重蹈覆辙，要查明失败的原因，并写出对策与全公司的人分享。这就是所谓的"将失败转化为共有的财产"。

04.
与其先追究责任，不如先追究原因

在丰田模式中，不会将失败的责任归于某一个人。因为丰田模式认为，"如果想避免失败，那么就要构建出即使想失败也无法失败的体系"。

曾经，丰田汽车公司的美国工厂发生了一起弄错黏合剂的事故。事故发生的原因是员工从仓库拿出罐装黏合剂时，弄混了黏合剂的种类。在弄清事故发生的原因后，美国资产管理科的科长被工厂里的日本负责人叫了过去。在美国，失败之后被上司叫过去，通常意味着要被开除。于是，科长脸色煞白地过来了。

但是，这位负责人只是对科长说："发生这次事故的原因是什么？你打算采取什么措施防止此类事故再次发生呢？"

负责人一句追究责任的话也没有说，这让当时极度紧张的科长听完后突然哭了出来。接着，负责人对给出解决对策的科长提了一些建议，就结束了当天的谈话。

几天后，负责人受科长的邀请去仓库视察，发现以前只能通过产品编号进行区分的黏合剂，被用不同颜色的彩色胶带按用途进行了区分（同一种用途的黏合剂对应同一种颜色的彩色胶带）。那天的谈话过后，科长听从负责人的建议，与合作的公司进行了协商，并向他们保证，**"我们公司已经对黏合剂的分类方法进行了改善，现在即使想弄错也不可能会弄错了"**。

在出现问题后追究责任是为了找出问题产生的根源，而不是为了责怪员工。

如果把追究责任放在第一位，很可能会导致员工隐瞒不好的信息或问题。这样就无法收集到正确的信息，甚至会因此不知道该如何进行改善。

05.
越是不利的信息，越要及早掌握

自认为"绝对没问题"却惨遭失败，是因为只根据对自己有利的信息做出判断。

如果不能掌握不利的信息，就无法做出正确的判断。所以，丰田模式十分看重不利的信息，并不将它藏着掖着，而是使其"可视化"，无论是在销售一线还是生产现场。**"越是不利的信息，越要及早掌握"**已经成了丰田员工的信条。

某企业的经营者经常对下属说："不要把洋葱皮剥开，我们需要的是刚从土里挖出的洋葱。"

洋葱相当于信息，带着皮和泥土的洋葱就相当于不利的信息。拥有这些不利的信息，能帮助做出正确的判断。但是，如果有意识地把洋葱上的泥土弄掉，把洋葱皮剥开，只留下洋葱里面干净的部分，就很容易判断失误。企业的经营者要深知这个道理。

丰田汽车初入美国市场时，美国的员工会在出现不合格产品时选择隐瞒，会在机器发生异常时进行应急处理，然后装作什么都没有发生过。以张富士夫（曾任丰田汽车公司社长、会长）为代表的丰田管理人员发现了这一现象后，说"这样做是不行的"，并大力表扬了及时停工的生产线员工，"你们做得比日本员工还要好"。这样，就间接地向美国的员工表明了"将坏消息可视化"的重要性。

06.
不要"自动停止"，而要"主动停止"

发生问题时该怎么办？如果处于被动的状态，就会很难采取行动、解决问题。为了能尽快采取行动，就需要提前准备好应对问题的策略，这对于防止小问题发展成大事故有一定的效果。

在丰田模式的语言中，"自动停止"和"主动停止"是被区分使用的。当出现次品或机器异常等问题发生时，注意到这一现象的人会关闭设备，打开"报警灯"，"主动停止"生产线，并通知所有人。

与之相对，生产线"自动停止"是指由于生产过程中发生了异常情况而导致的机器自动停止运转。但是，丰田模式敢于通过"主动停止"让员工看清问题所在。在"主动停止"生产线后，负责人会赶到现场，调查产生问题的原因，并为了避免同样的问题再次发生而对其进行改善。虽然这样做会消耗很多时间和精力，但在进行改善后，生产线的效率会因此得到提升。

有意识地去"主动停止"生产线，是非常重要的。比如，大雪或台风导致了交通中断。如果员工不顾这一情况，继续进行生产，之后就会产生人员或零件不足等问题，进而导致机器"自动停止"生产。换言之，"自动停止"是"走到哪算哪"的一种毫无计划的做法。所以，只有具备了"主动停止"的意识，才能积极地面对问题、解决问题。

丰田英二曾经做过以下论述。"即使是在阪神淡路大地震那样紧急的时刻，也要像往常一样'主动停止'生产线，修复问题，然后恢复生产。不要让生产线'自动停止'，而要'主动停止'生产线。这是最关键的一点。丰田模式的做法是，当发生灾难时，在生产线'自动停止'前，做出应该'主动停止'生产线的判断，并积极地去'主动停止'生产线。"

07.
不要管理现象，而要管理源头

将对策着眼于现象还是源头决定了解决问题的质量。

虽然管理现象能更早地解决问题，但迟早还会发生同样或者更严重的问题。因此，丰田模式的做法是采取从根源上解决问题的"源头对策"。虽然会花费更多的时间，却可以进行彻底的改善，避免同样的问题再次发生。

这是实践丰田模式的企业在进行"垃圾清零"活动时发生的事。

在这个企业中，每天都会产生大量的、各种各样的垃圾。当时，活动小组想通过将垃圾细分为"不可燃""可燃""可回收"等类别来减少垃圾排放量。但是，这个做法引发了员工的不满情绪，"把垃圾的种类分得这么细致，会影响我们的工作效率"。虽说如此，但如果专门聘请人员来管理垃圾分类，又会额外花费许多人力和财力。

因此，活动小组改变了想法，直指问题的源头——为什么会有那么多垃圾呢？他们找到了问题的根源，原来是由于公司所购买的零部件的过度包装。也就是说，公司"花钱买来了垃圾"。

于是，活动小组决定"不再管理现象，而是管理源头"。他们和提供零部件的公司进行了协商，让提供零部件的公司大幅度减少了包装材料。垃圾的数量减少之后，分类也变得容易了，"垃圾清零"也因而有了进展。

活动小组就这样通过源头对策一步一步地接近了"垃圾清零"的目标。

08.
不要忽略看似理所当然的事

解决重大事故通常会付出巨大的代价，所以要趁问题还小的时候及早解决，这是关键的一点。海因里希法则认为，"每1件重大事故的背后会有29件小事故，在这些小事故的背后又会有300起异常情况存在"。所以，在发生小事故或异常情况时，认真地思考对策，可以预防重大事故的发生。

丰田英二曾说："丰田生产方式其实并没有什么秘籍，如果要说有什么秘籍，那就是不要忽略看似理所当然的事。但实际上，在大企业里彻底贯彻这一思想，是一件十分困难的事情。"

丰田汽车公司会经常进行大规模的事故演练，但对于实际发生的小问题，很难做到始终以严谨的态度应对。

原丰田员工曾说过这样的一件事。

丰田汽车公司曾经历过由于短时间停电和小型地震而引发生产线停止运转的情况。因为是很小的事故，所以在恢复正常之后，没有对生产线进行仔细的检查，就重新启动了。知道了这件事的上司说："即使是短暂的停电或很小的地震，也要把它们当作长时间停电和发生大地震时一样，对生产线进行仔细的检查再重启。"

在发生小故障时也要像发生大事故时一样，采取同样的态度进行同样的检查。只有通过这样日复一日的积累，才能在发生大事故时冷静沉着、毫无疏漏地进行应对。

危机管理绝不是小题大做。所以，从"不放过任何小问题"的态度出发吧！

09.
如果改革的结果比原来更糟糕，就再进一步改善它

　　人们通常对改革会有抵触心理。比起新做法，人们会更喜欢已经习惯了的做法。所以，有很多人认为"没必要进行改革，维持现状就很好"。丰田汽车公司在进行生产改革时，赞成派充其量只有2成，反对派有2~3成，中立派的人约占一半。

　　在时代和同行业其他公司都飞速发展的情况下，丰田模式认为，"维持现状就等于后退"。作为领导，必须想方设法推进改革。

　　选择中间立场的人在改革顺利进行时会倾向于赞成派；在发生问题时则会立刻表示反对。能否将这群人拉入赞成派的阵营，对改革至关重要。

　　但是，一旦在改革中发生事故，反对派和中立派就会一起要求终止改革，回到原点。

　　作为领导，如果因为被这种声音"胁迫"而放弃改革，企业就不会有任何的改变，也就无法在不断变化的时代中抓住机会。

所以，丰田模式认为，"如果改革的结果比原来更糟糕，不要回到原点，而要继续进行改善"。只要前进的方向是完全正确的，那么即使第一次改革失败了也没关系，找到原因之后继续对其进行改善，就会有所进步。如果第二次改革也失败了，那么也还是继续找出原因，对其进行改善。重要的是改革这件事本身，是"把改革当作日常"。领导所期待的是员工能在取得成绩之前一直坚持进行改革的意志，而不是维持现状，或因为害怕失败而回到原点。

10.
能依靠的只有自己，将危机作为弹簧

如果在遇到逆境时只会被动地等待逆境过去，就会失去难得的成长机会。这样，之后再遇逆境时也还是只会被动地接受。最终，会导致失败。

在20世纪70年代"石油危机"爆发时，原料不足导致无法购入所需的原材料，汽车的销量也停滞不前。面对这一混乱局面，焦头烂额的丰田生产管理部长去拜访了大野耐一寻求建议。大野耐一说："遇到这种事，谁也不知道该怎么做。"然后鼓励他说："你的运气很好，正好是在你担任生产管理部长时发生了这样的事情，这难道不是你通过自身能力打破困局的绝佳机会吗？不管怎样，你要想办法做些什么来解决问题。"

"将危机作为弹簧""将危机转化成机遇"，这就是丰田模式。如果能积极面对困境，并想方设法地发挥出智慧，就能渡过难关，员工个人和企业也都会因此变得更强大。这是大野耐一的经验之谈。

　　大野耐一曾说过："如果发生的事故全都是迄今为止谁也没有经历过的事故，那么就要相信'能依靠的只有自己'。在这种时刻，选择坚持努力到最后还是选择中途放弃，决定了一个人的价值。"

　　大野耐一在致力于打造丰田模式时，和其他所有人一样，都不清楚即将迎来的结果是成功还是失败。但是，挑战已经知道结果的事情并没有意义。正是因为大野耐一秉持着"正因为不知道结果，才有去实践的价值"这种强大的信念并坚持了下来，才有了如今的丰田模式。

丰田语录

对于商人来说，"眼泪"和"算盘"是不同的。

——石田退三

作为上司，对于越是亲近的下属，越容易发牢骚。

——丰田英二

人们总喜欢用"拼命"这个词，但"拼命"只是个形容词，如果真的"拼命"了，人生也就结束了，就连原本能做好的事情也做不到了。所以，无论在什么场合，要给自己的人生留有最低限度的余地。即使是在攀登高峰，也要提前准备好能让自己站稳脚跟的"德俵"。①

——石田退三

---

① "德俵"指在相扑场地外侧东西南北各埋一个的草袋，共四个。原本用于除去雨水，后来主要起加宽场地、保护相扑力士的作用。——译者注

第4章

将大脑变为
"创意工厂"

01.
用为做不好找借口的头脑来思考该怎样才能做好

如果下属无法集中精力做某件事，很可能是因为在他们的大脑中还存有"也许我做不到"这种想法。如果在开始行动之前就已经把失败的借口想好了，那么就会很难发挥出自己的最高水平。需要做的是摒弃一切借口，把全部精力放在"去做"和"能做到"上。这在丰田模式中被称为"用为做不好找借口的头脑来思考该怎样才能做好"。

上司给年轻的丰田员工A出了一道超级难题。即使A绞尽脑汁地思考，也没有想出解决办法。于是，他对上司说："我做不到。"上司回复说："你是不是只思考了一两天？我再给你延长一天时间，如果你明天之前还不能想出解决方案，就会影响到工厂的生产，所以你无论如何也得想出来。"这次，A去问了很多人，但大家都回答说"我也真的想不出办法"。于是，A又再次找到上司说"我做不到"，并且向上司说明了5个做不到的理由。上司听了之后对A

说："无论你给出多么漂亮的借口，也不能解决问题。你就算去拜托其他人帮忙也可以。"

听到上司的这番话，A以为自己要被上司放弃了，心情十分低落。但没想到第二天上司主动和A打招呼说："A，咱们一起想办法吧。一起想办法的话，没有什么事是做不到的。"

在丰田模式中，有这样一句话："做不到的理由有成千上万个。"人在面对难题时，通常会陷入思维定式，觉得自己"肯定做不到"，并开始为自己找借口。但重要的是做出"我要去做"和"我能做到"这一决定。如果能做出这样的决定，就能把自己的全部精力集中在"该怎样才能做好"这件事上。

后来，A在上司的帮助下，努力钻研，顺利地找到了解决问题的方法。领导的责任就是把下属"做不到的借口"变成"能做到"。

02.
增加附加智慧

在说话方式中，"再加上一句话"就能更好地利用信息，是很常见的事。比如，在传递信息之前，悄悄和对方说"实际上这个信息目前是非公开的状态"，或者在说完"8.5折"之后再加上一句"也就是说，您可以少花576日元"。

做法并不难，但其实，执行起来并非易事。

这件事发生在年轻的丰田员工B的工厂里。在发生问题时，B的职责就是立即做出指示，但当天上司恰巧出差了。当时还是没有手机的年代，如果等上司回来之后下达指示，会耗费很多时间。于是，B想起了之前发生过类似问题时上司的应对策略，并据此做出了指示，顺利地解决了问题。可以说，B是在上司出差时立功了。

但是，出差回到公司的上司却并没有表扬B，反而训斥了他。

"即使上次和这次的问题看起来很像，但实际上也是不同的。你为什么不肯动脑想出和上次不同的、比上次更好的解决方案呢？"

B听了这番话之后，起初觉得很委屈，但不久之后他便理解了上司真正的意思。

在丰田模式中，任何情况下都需要"附加的智慧"。即使是很小的附加智慧，经过不断积累，也能在很大程度上提升、改善工作的质量。

大野耐一经常对下属说："你们为什么要对我言听计从呢？按照我的指示去做的人是笨蛋。不按照我的指示去做的人更是笨蛋。比我所下达的指示做得更好的人是聪明人。"

虽然大野耐一的话说得有些重，但不久后，下属确实能感觉到自己因此拥有了"思考力"。下属是成为等待上司下达指示的人，还是成为自己思考并行动的人，取决于上司有没有对下属说"再做得更好一些"。

03.
不要成为"商品说明书工程师"

在只是"知道"的情况下去效仿对手，是不可能取得胜利的。只有把"自己思考的成果"转化为知识，才能增强自身的竞争力。

在丰田模式中，这被称为**"依靠智慧在竞争中取胜"**。如果对手也在绞尽脑汁地发挥智慧，那么就会激发出自身更多的智慧；如果对手疏忽大意，那么就要注意让自己不要疏忽，并发挥出智慧。

比如，在购买某种机器时，丰田模式一定会要求**"给机器赋予人类的智慧"**。这件事好像发生在"二战"结束后不久。当时，很多先进的机器都是从欧美进口的，大野耐一要求员工发挥智慧，研究机器的使用方法。"需要三个人来操作这台机器吗？""是的，在美国也是需要三个人来操作"。

在进行了这样的问答后，大野耐一说："如果在美国需要三个人来操作这台机器，那么在我们公司，大家就要共同发挥出智慧，想出只需一个人就能操作这台机器的方法。因为如果我们用和美国同等的人数来操作这台机器，那么我们永远不可能超越他们。"

如果想利用进口的机器生产产品，然后再进行出口并获得利润，就不能按照机器的商品说明书来操作。如果说明书上说"需要三人操作"，那么就对使用方法进行改善，直到能实现一人操作；如果说明书上说"通常需要一小时"，那么还是对其进行改善，将时间缩短到30分钟。在不断重复改善的过程中，就能逐渐拥有可以获得利润的竞争力。

在丰田模式中，只会按照商品说明书来使用机器的人被叫作"商品说明书工程师"。在最新的机器以及AI（人工智能）出现的当今时代，我们很容易在熟练使用它们的过程中变成"商品说明书工程师"。作为领导，要引导下属发挥出自己的智慧。

04.
站在比自己高两级的立场上进行思考

要想进行有效的改善，重要的是要让下属意识到，不是"部分最佳"，而是和企业、工厂的整体效率相关的"全体最佳"能够使企业效益最大化。

虽然年轻的丰田员工C因为通过耐心地改善，提升了自己负责的工序的生产效率而得到了晋升，但从某时开始，C失去了对于工作的热情。当上司问他原因时，他说："如果只有我自己有所改善，其他人却不进行改善的话，是没有意义的，所以我也停止改善了。"于是，上司告诉了C"站在比自己高两级的立场上进行思考"的重要性。

在丰田模式中，有"个人的效率和全体的效率"的说法。即使提升自己的工作效率，但如果在自己负责的工序之前的那道工序没有进行改善，就会产生"手头上的浪费"；如果在自己负责的工序之后的那道工序没有进行改善，就会产生"生产过剩的浪费"。只追求个人效率，反而会使整体效率降低。

张富士夫在担任丰田汽车公司社长时，在定义何为"有成长空间的员工"时，多加了"不要只会说理，而要能够行动起来的人"这一条件，并要求员工拥有"全局观"。

比如，一个部门有五个科室，那么如果其中一个科室里发生了问题，就会影响到部门整体的效率。张富士夫表示，在这种时候，不要抱怨说"都怪那个科室"，而要带着自己的下属去发生问题的现场，帮助其进行改善。这就是有"全局观"的人，这样的人才能获得大家的信任，并且有进一步成长的空间。

即使是没有下属的年轻员工，也可以假设"如果我是主任，我会怎么做"，并通过实际行动，逐渐拥有能判断出"应该做什么""哪些是正确的"的能力。

后来，C将自己所负责的工序的前后工序都一起进行了改善，提高了全体的工作效率。

05.
去掉一个零之后，再进行思考

虽然丰田模式十分重视按照顺序进行改善并不断积累，但是偶尔也会通过提出一些脱离常识的要求来帮助下属打开思维僵局。

一个经典的案例之一就是"去掉一个零之后，再进行思考"。

在丰田模式中，有"改善是智慧和金钱的总和"这一说法。在进行同样的改善时，如果花费金钱，那么发挥智慧的必要性就会降低；如果不花费金钱，那么发挥智慧的必要性就会增加。也就是说，如果想让下属发挥出极限的智慧，就需要把金钱减少到极限。大野耐一就是运用极限的高手。

曾经，D作为研究开发小组的领导，向大野耐一申请了10亿日元的设备投资预算，这一数额已经比业界常规额度低了很多。大野耐一却说，"这个预算额太高了，把它去掉一个零之后再进行思考"。

D虽然觉得预算还可以再少一些，但是"把需要10亿日元才能完成的工作减少到用1亿日元来完成"是不可能的。在焦头烂额之际，

D去找了大野耐一的得力助手——铃村喜久男耐一（曾任丰田汽车公司生产调查室主任、井关农机株式会社专务董事）商量，但铃村喜久男却只扔下了一句话："用做梦的程度来想办法。"

D没办法，只能回去发动全体组员一起发挥智慧。但是，人如果被逼到绝境，就能想出厉害的办法。研究开发小组通过不断努力，终于用1亿日元实现了目标。

大野耐一通过提出极限的要求，引导下属发挥出极限的智慧。这种思考方式直到今天依然是丰田的传统。

06.
改变时间单位之后，再进行思考

　　在比较极端的情况下，领导会为了能让下属发挥出智慧而下达"去掉一个零"的指示。有时，丰田的领导也会采取让下属**"改变时间单位之后，再进行思考"**的方式。

　　某位经营者曾经非常骄傲地向如今是该公司顾问的原丰田员工炫耀说，他曾把产品的开发周期（从开始着手到实际完成所需的时间）从10天缩短到了3天。确实，将时间缩短到3天，已经可以称得上是打破了业界常规用时了。在这位经营者看来，这已经足够和同行业的其他公司拉开差距了，于是他感到十分满足。

　　但是，原丰田员工对这位经营者说："3天就是72小时。接下来，不要缩短到'天'，而要缩短到'小时'，怎么样？如果最终能缩短到'分钟'，就可以了。"

　　在他取得了从10天缩短到3天的成就之后，如果立刻对他说"再缩短到2天"，很可能会被反驳。既然如此，那就改变时间单位，把72小时再缩短1小时、2小时就好了。即使很难把时间单位缩短到"分钟"也没关系，再缩短5分钟、再缩短10分钟，不断地重复这个过程，就能把时间单位从"小时"变为"分钟"了。

如果能把以月为单位、以季度为单位、以年为单位的事情，重新以周为单位、以天为单位、以小时为单位来进行思考，就能产生新的智慧。

生产程序变更（产品或工程内容发生变化时需要进行的操作）所需要的时间通常是2~3个小时，大野耐一成功把时间缩短到了3分钟。大野耐一在改变时间单位的基础上，还去掉了一个零，这真的可以说是非常极限的挑战了。这一成果为实现理想的生产方式——多品种少量生产，作出了巨大贡献。

07.
成为白纸之后，再进行观察

　　能受到顾客喜爱的产品通常是"用心"制造出来的产品。因为这类产品能让顾客体会到自己甚至从未想过的便利和价值，所以会非常吸引顾客。在做生意时，"用心"是非常重要的。作为上司，有责任培养下属的观察力。

　　年轻的丰田员工E在完成改善的现场，看到大野耐一走了过来。于是，E向大野耐一汇报了改善情况。大野耐一听完之后说了一句"在地板上画一个圆，然后站在圆里面"就走了。E并没有听懂这句话的真实含义，于是就这么一直在工厂里站着。傍晚，大野耐一来问他："你想明白我说的话了吗？"E非常诚实地说："我没明白。"于是大野耐一说："那你明天也从早上开始在工厂里站着。"

　　第二天，E再次站到画在地板上的圆形中间，大野耐一又来问他："你明白了吗？"E虽然还是什么都没明白，却说"我明白了"。

　　"你昨天做的改善是不彻底的，让现场的人都很为难，不是吗？立刻修改吧！"

听到大野耐一这样说之后，E才终于意识到了问题所在。他满足于"完成了很好的改善"这一过程，却没有注意到改善的结果。

重新用心观察之后，E发现改善后的操作方法确实很死板。于是，E立刻重新改善了操作方法，使操作得以顺利进行。

丰田模式认为，"'看到'和'意识到'是不同的"。即使漫不经心地看了，实际上却是什么也没看见，也无法注意到问题所在。要想拥有问题意识并能集中精力进行观察，就要摒弃先入为主的观念和感情，"在成为白纸之后，再进行观察"。观察力就是这样培养出来的。

08.
在找到之前，不断寻找

在提问的过程中，可以找到答案。但是，如果对于通过一次提问获得的答案感到心满意足，那么就会很难进行创新。重要的是，多问几遍，并不断完善答案。

丰田模式所说的"问五次'为什么'"也是这个道理。并不是说问"五次就够了"，而是在"找到"并"明白"真正的原因之前，不断地进行提问。

年轻的丰田员工F在与丰田合作的公司里指导他们运用丰田模式时，经常出现丢失告示牌的事情。如果没有告示牌，很可能会造成生产浪费。F在知道了这件事之后，采取了增加告示牌的措施，却激怒了大野耐一。大野耐一严格地命令F"去给我把丢了的告示牌找回来"。

但是，如果能轻松地把告示牌找回来，F也就不会用增加告示牌的方法来解决问题了。F找了好几个小时也没找到，大野耐一非常生气地说："才找了这么一会儿就想放弃吗？"于是F又接着去找，但还是无功而返。

在F为此感到焦头烂额时，大野耐一对他说："你知道你为什么找不到吗？**因为你没有在找到之前一直找。**"

F找到深夜，终于找到了被粘在零件箱底部的告示牌。原来是因为在堆箱子时，告示牌被粘在了盖子底部。F对粘贴告示牌的位置进行了改善，避免了再次丢失告示牌的可能。

找到问题背后的真实原因，并不是一件容易的事情，通常都需要花费几天时间。在某个工厂，也曾出现过用了一个月才找到真实原因的情况。虽说如此，如果在这个过程中进行了妥协，就无法实现真正的改善。

问"为什么"，并没有次数和期限的限制。拥有找不出原因就不放弃的执念，才是最重要的。

09.
养成"换算成金钱"的习惯

在丰田模式中，有"换算成金钱"这一方法。

大野耐一对年轻的丰田员工G说："我要去视察工厂，你和我一起去吧。"G跟着大野耐一一起去了工厂后，大野耐一说："你没注意到很多零件都掉在工厂的地上了吗？你现在立刻去把它们都捡起来。"

于是，G慌忙地跑去工厂把零件都捡起来放到了筐里。这时，大野耐一又说："你知道这些零件加起来一共值多少钱吗？"

G几乎对零件的价格一无所知。但是，大野耐一好像早已把所有零件的价格都熟记于心，"我告诉你每个零件的价格，你算算它们一共值多少钱"。G通过计算之后发现，这些掉在地上的零件其实是相当大的一笔金额。在G感到非常吃惊时，大野耐一说："如果是等价的钱掉在了地上，估计谁都会捡起来吧。但是这些零件掉在了地上，却没有人愿意捡起来。"

确实，在此之前G为了收拾、整理而把这些零件都捡了起来，却没有注意到这些零件的价格，更没有察觉到这些零件就这样掉在地上非常浪费。

　　但是，试想一下就会知道，不仅限于零件，工厂里的员工、机器设备、电器、空间等，全都要花费成本。大野耐一教导G说，所有的东西都是明码标价的，"在视察工厂时，要能把它们换算成金钱"。

　　丰田模式把"成本"叫作"基本单位"。每个零件的价格是多少？所需的燃料、时间或者空间是多少？如果能知道这些基本单位，就能知道通过改善可以降低多少成本；如果能知道这些基本单位，就能通过改善降低成本，并提升员工的工作热情。

10.
要用"成本意识"进行思考，而不是"成本知识"

在丰田模式中，有这样一句话："知识和智慧是不同的"。知识可以通过听讲座来获取，智慧则不同。在面对问题时，能自己思考并解决问题，才算是拥有了智慧。当然，在工作现场，更需要的是智慧而不是知识。

在生意场中，成本是一切创意的根本。丰田模式的强大之处就在于几乎每名员工都能理解成本，这样说一点也不夸张。但是，在工作中所需要的是"成本意识"而不是"成本知识"。

如果用成本知识来进行计算，批量生产会更加节省成本。在购买零件时也一样，比起买100个，买200个、300个会更便宜。如果用成本知识来进行思考，那么比起丰田模式的"一个一个地生产"，批量生产会更加合理。

但是，以成本知识来进行计算，只不过是纸上谈兵，因为实际情况是不同的。即使批量生产100个零件，也不一定能同时卖出这

100个。因为顾客是一个一个地买，所以只卖出40个也是有可能的。那么，剩下的60个就会被积压在仓库里，成为公司的负担。如果之后还卖不出去，就只能被扔掉处理了。

能了解这一现实，就拥有了成本意识。

因此，丰田模式认为"**要用成本意识进行思考，而不是成本知识**"。拥有成本意识的人所思考的是"如何通过生产有限的产品来获得利润"。

用成本知识进行思考的人，会很难理解这一点。但是，重要的是不要用自己一知半解的成本知识来思考，而是通过每天进行改善来降低成本，因为"获得利润的根本方法就是降低成本"。如果每个人都能用成本意识进行思考，那么企业就能发挥出成本优势。

11.
不要只看平均值，异常值往往会带来启发

　　要对从平均值出发的想法加以注意。说到底，平均值只是一个参考数据，真正应该看的是异常值。丰田模式认为，**"不要只看平均值""异常值才能对改善有所启发"**。

　　这是伊藤洋华堂①的创始人伊藤雅俊在拜访大野耐一时发生的事。伊藤雅俊为了实现合理库存，解决库存浪费的问题，拜访了大野耐一。因为如果库存过剩，会给销售带来很大压力；如果畅销商品的库存不足，则会失去销售机会。

　　伊藤雅俊向大野耐一如实地说明了现状，"我们公司的商品有

---

① 伊藤洋华堂又名伊藤荣堂，于 1920 年创立，前身为"洋华堂洋品店"，现在是日本主要的零售企业，在日本全国各地经营百货公司，亦有从事其他业务。近年更积极在中国多个城市，包括成都、北京等拓展零售业务。——译者注

必要维持平均3个月的库存"。大野耐一听后说："对每种商品都进行细致的检查，怎么样？畅销商品很可能几乎没有库存，滞销商品则可能有将近6个月的库存。如果取平均值，那么也是'3个月'。"

伊藤雅俊听后获得了宝贵的启发：应该进行单品管理，掌握每种商品的销售情况和库存数。

如果只看平均值，经常会很难掌握真实情况。

比如，"平均缩减30%"经常会被误解为"一律缩减30%"，所以要对此多加注意。因为不同种类的零件的具体情况是不同的，"这种可以缩减40%""这种最多只能缩减10%"。

丰田汽车完全没有满足于市场份额第一的现状。因为从不同国家或地域来看，在新兴国家中，丰田汽车所占的市场份额并不高。不要因为只看平均值而错误地认为"进展得很顺利"，丰田一直这样告诫自己。

12.
对于常识，多问"为什么"

要经常**"怀疑常识"**。如果被常识束缚，想法就会陷入固定的框架中，就无法顺利地进行改革或挑战。所以，从常识中脱离出来吧！比如，现在社会普遍认为"年轻人用车的次数越来越少了"，但实际上，也许年轻人用车的次数并没有少到这种程度。这样提出疑问之后，就可以由此产生很多新的想法，比如，"这个说法的依据是什么""这个说法背后有什么深层原因"。

某办公用品生产商的领导H在推进丰田模式的生产改革时，实地观摩了引入丰田模式的先进企业，并因为看到该企业的仓库中几乎没有积压的纸箱库存而感到震惊。该企业的仓库中只有上面什么都没有印刷的几种纸箱，这样一来，在纸箱上贴上标签之后就可以发货了。

因为H的公司使用的是印刷有商品名的纸箱，所以种类很多，管理起来十分麻烦。但是，如果运用观摩中学到的方法，就可以解决纸箱堆积如山的问题。而且，即使以后用不到这些纸箱，也不需要进行废弃处理。H在观摩之后立刻叫来了该公司负责此业务的人，问他们能做到同样的事情吗，结果再次让H感到吃惊。大家都立刻回答说"能做到"。

H终于意识到自己被业内的常识束缚了。在倡导缩短交货时间、倡导保护环境的当今社会，H的公司使用的方法早就已经过时了。从那之后，H经常说的一句话就是"脱离常识"。于是，生产改革得以顺利地进行了下去。

丰田模式本身也是由于在思考时脱离了常识的束缚，才得以诞生：由认为批量生产是理所应当的到以"多品种少量生产"为目标；由认为前一道工序应为后一道工序提供供给到认为负责后一道工序的人应在必要时向负责前一道工序的人索取必要的东西。当时被视为打破常识的丰田模式，如今也成了常识。面对常识，要多问"为什么"。通过思考"为了什么""什么才是最佳的"，可以使改革力和挑战力得到锻炼。

13.
将不易察觉到的不满变为满意

如果说"需求是发明之母",那么不满就是改善的原动力。正是因为有了"很难做""很费劲""做法很奇怪"这样的感觉,才能开始进步。作为员工,不要觉得"习惯了就好了吧",而被动地习惯这种不满;作为上司,切忌对员工说"别抱怨,忍耐一下就行了"。如果对不满的事情置之不理,就会一直影响心情,直到最后彻底爆发。但是,如果能善于利用不满,就可以把它变为智慧的源泉。

支撑丰田模式进行改善活动的"创意提案制度"如今已经有60多年的历史,但这项制度也并非从一开始就受到欢迎。许多员工甚至在这项制度被提出15年之后,依然在犹豫是否加入其中。他们的理由是"如果不是自己独创的想法,会觉得很羞耻""对于平平无奇的自己来说,很难想出全新的创意"。

变化开始于"大家一起思考"。即使是很小的想法,如果大家能各抒己见，就可以将其发展成全新的创意。同时，活动的领导给出了这样的建议：**如果觉得很难做或很费劲，就去思考怎样做才能轻松地完成任务。**

工作之所以很难做，多数情况是因为体制的问题或工具很难使用。所以，改变体制或工具就可以了。这样一来，既能提高工作效率，又能消除员工的不满。**因为是不易察觉到的不满，所以就将其变得让自己满意吧！**这就是丰田模式的思考方式。

随着这样的思考方式深入人心，丰田模式的创意提案制度也逐渐受到欢迎。

作为领导，不能对员工好不容易察觉到的不满置之不理。

14.
在最后的五分钟里，再多想一想

最好的创意几乎都不是在一开始就出现的。通常最初只是一个很普通的想法，在不断思考的过程中，才闪现出了一个绝佳的创意。但是，作为领导，真正的职责其实是在这之后。那就是让员工**"在最后的五分钟里，再多想一想"**，让员工们坚持到最后。这样才能引导员工想出"最好的创意"。

曾担任第三代卡罗拉系列车型负责人的佐佐木紫郎曾经说过，在设计初期能很好地解决问题的"前期吃重"①（Front Loading）和坚持到最后的"最后一笔"是生产产品的秘诀。

---

① 前期吃重这种做法基本是指在准备开发及生产产品时或构筑 IT 系统时，在初期工序集中投入资源，在这一阶段极力排除之后工序可能发生的问题，由此来压缩总体的前导时间及成本，并提高产品的性能及质量。——译者注

对于越是重要的工作，员工就越容易充满干劲地想尽早地做出成绩。这样一来，员工反而会先把工作中遇到的问题抛到一边，去做其他容易的事情来推进工作进度。但是，如果不依次解决问题，之后问题就会全部暴露出来。最后的结果就是员工不得不加班解决这些问题，反而花费了更多的时间和成本。

虽然可以通过"前期吃重"防止这种恶性循环，但即便如此，在开始进行生产后，也要对生产过程中可能出现的问题多加留意。一般情况下，很多员工都是因为觉得"事到如今才开始修改，太麻烦了"而选择忍耐。但是，佐佐木紫郎认为，如果想生产出真正的好车，就要有"即使要向大家下跪谢罪，也要更改设计"的勇气。他认为，"要想生产出好车，就必须认真地坚持到最后一刻。"

这种坚持到最后的精神，也就是所谓的"最后一笔"才是生产出"最好的车"的关键。

即使已经觉得"挺好的"了，也不要停止改进。在最后的五分钟里，再多想一下，也许就会想出更好的创意。即使觉得"这样就已经完成了"，也要在截止时间之前，不断地进行讨论。要想得到最好的结果，就需要有"不怕给他人带来麻烦"的勇气。

15.
如果没有异议，就制造出异议

在丰田模式中，有这样一种思考方式，那就是来源于丰田佐吉的"慢一点也没关系"。这个词的意思是：在开始前，进行彻底的讨论和准备。虽然效率很重要，但在事前进行深入思考更为重要。

年轻的丰田员工I在面对难题时通过深入思考，想出了绝佳的解决方案。于是，I向上司汇报说"这样就可以解决了"。但是，上司非但没有表扬I，反而质问他："你有考虑过其他的替代方案吗？你的解决方案和替代方案相比，好在哪里？"

因为I认为自己想出的方案是最好的解决方案，所以根本没有想过什么替代方案。虽然他在开始思考的初期有过几个想法，但并没有对它们进行深入思考，就将它们搁置了。

丰田模式认为，"达成某一目的的手段和方法有很多种"。比如，要想达成"减少人员配置"这一目的，可以引入机器人、更改标准化作业、进行人事变动，等等。虽说如此，但如果只能想到引入机器人这一种方法，会怎么样呢？那就是虽然能减少人员配置，但也会觉得"有必要进行这么巨额的投资吗"。引入机器人这一方法虽然算不上失败，但是很可能会被认为投资回报率过低。

丰田模式主张**"如果没有异议，就制造出异议"**，从多角度来思考问题。尽可能地想出多种对策，在综合考虑费用和效果之后，通过讨论选出最佳的方案。

I在那之后，对多个方案进行了比较，最后确信还是最初的方案最好，然后将这一结论告诉了上司。于是，上司说："那就试着去做吧。"

丰田语录

　　在丰田的工厂中，随处可见"好产品，好思考"这一标语。对于汽车来说，耐久力很重要，所以要生产出耐久力强的汽车。但如果价格过高，耐久力再强也没用，所以要认真考虑如何降低成本。将这些想法汇集起来，就形成了"好产品，好思考"这一标语。

——石田退三

　　我所担心的是前辈们努力树立起来的"不可动摇的自信和骄傲"会不会逐渐转变为"傲慢自大"。在"习惯于安逸"的过程中，努力会不会无法得到确切的评价，挑战精神会不会因此而消失。

——丰田章一郎①

————————————

　　① 日本企业家，丰田汽车公司创始人丰田喜一郎长子，丰田汽车公司前任社长。——译者注

第5章

对传达方式、学习方式进行革新

01.
不要自己苦恼，而要大家一起苦恼

　　一个团队就是一个命运共同体。"齐心协力就能成功""如果自己落后，整个团队就不能成功""如果个人落后，整个团队也不能成功"，作为领导，在带领团队时，要能调动集体的力量。

　　丰田模式也是如此。不会依赖某一名特别能干的员工来提升业绩，丰田模式反对"一名天才胜过一百个平凡人"这种方式。大家都很看重"要把理所应当的事情做得比现在更好"。**"与其一个人走一百步，不如一百个人一步一步地走"**是丰田模式的传统。

　　丰田的首席工程师吉田健曾经说过，**"比起自己苦恼，我更希望是一百个人一起苦恼"**。

　　首席工程师的职责首先是提出全新的设计理念，之后就是负责监督从车辆设计到生产、销售等全部流程。每个领域的专业技术人员聚集到一起，作为专家出谋划策。虽然吉田健有权用自己的想法去引导他们，但这样做既无法培养出人才，也无法使年轻的工程师在设计中发挥出自己感性的一面。吉田健先耐心地对自己的设计理念进行说明，然后在听取了其他员工的想法之后，对他们的想法提出建议或进一步拓展。这是丰田模式中典型的领导模式之一。

松下电器的创始人松下幸之助非常尊重丰田的石田退三，松下经常说："要集中大家的智慧。"这其实是和丰田模式相通的一句话。

曾任东京海上火灾保险株式会社社长的财界人士——石原邦夫在当初刚担任管理职务时，曾经有一段时间经常是自己面对所有问题发愁，而让他从这种困境中脱离出来的是某位前辈所说的一句话："肩上的担子需要大家共同来承担。"

02.
基于工作现场的创意是最好的

能调动员工的意见并不一定是优秀的人所提出的有逻辑的意见。被大家所信赖的人基于现场的真实情况所提出的意见往往更能调动员工、推进工作。

在日本开始正式引入QC（品质管理）活动时，在某个企业中，某位杰出的员工对QC活动的推进者A态度非常傲慢。

"没有学历的人是想不出什么好创意的。进行这样的活动只不过是浪费时间罢了。"

当时和现在不同，那时还是"学历社会"的时代。但是，A这样反问道："确实，你可能会想出好的创意。但是，你想出的创意在现场工作时能实际执行到什么程度呢？"

这位杰出的员工听了之后默不作声。确实，他的创意在工作现场几乎没有什么可行性。就像每个人都有自己的感情一样，每个工作现场也有它的具体情况。如果仅仅纸上谈兵，那么什么也做不成。A继续说："确实，现场员工提出的创意在像您这样的高学历人才看来，可能会显得很愚笨。但是，**正是因为他们的创意都基于工作现场的具体情况，所以大家才会认真地去执行。**"

曾经，丰田汽车公司在其合作伙伴的公司里普及丰田模式时，某位丰田员工在工作结束后，一边回想当天现场员工提出的问题，一边对机器设备进行改善，直到深夜。因为他认为："好的改善需要大家齐心协力来完成。**即使自认为自己的想法是100分，但如果没有现场员工的协助，那么最多也只能是50分。**加上大家的建议之后，才能最终完成100分的改善活动。"

03.
构建全方位的人际关系

工作是通过人与人之间的沟通来不断推进的。一个组织必须能让人与人之间相互关联、相互帮助。如果周围有人在工作中遇到困难，那么自己要帮他一把。即使不能通过行动来帮助他，也要给他提一些建议。这种人与人之间的互助是非常重要的。

在丰田模式中有这样一句话：**"不要建立孤岛。"**如果人与人之间像孤岛一样互相孤立存在，那么彼此之间的交流就会很少，也很难做到互相帮助。这句话的意思就是，在公司里绝对不要形成相互孤立的人际关系。

负责运用丰田模式推进生产改革的B习惯在晚上穿着工作服去工厂视察。因为如果把各个生产线的负责人都叫到办公室，是无法听到他们的真实想法的；如果白天去工厂视察，又会占用对方的工作时间。所以在B看来，以一种自然的方式，在晚上工厂倒班的时候，脱掉西装，去到工厂，才能听到各个生产线负责人们的真实想法。B

通过频繁地去工厂对改革进行说明，听取现场员工的想法，使问题很快得到了改善。通过与现场的员工构建起密切的联系，B的生产改革开始在全公司生根发芽。

不去生产部门、不了解工作现场的人。会使公司内各部门之间的合作无法顺利地进行。

随着公司规模的逐渐扩大，丰田汽车公司在"构建全方位的人际关系"方面投入了很多精力。比如，建立了许多与年龄、学历、工作部门无关的社内小组，以此让员工有机会构建亲密的人际关系。这样一来，员工可以拥有属于自己的"360度的情报关系网"，即使有不明白的事情或感到困惑的事情，也可以越过部门阻隔，获得他人的帮助。

04.
进行横向传达了吗

在工作中，重要的是将工作成果与之后的工作内容联系起来。丰田模式当然也是如此。丰田模式经常将改善后的成果扩展到其他生产线或部门。这就叫"横向传达"。

某位年轻的丰田员工在完成了对工作现场的改善之后向上司进行了汇报，却被上司问道"你看到结果了吗？"于是，他回到工作现场对改善结果进行了确认，并进一步对其做出了改善。这时，他心想："这下应该没问题了。"然后放心地再次向上司进行了汇报，却被上司说："改善进行得顺利吗，进行横向传达了吗？"

年轻的丰田员工心想："这样下去的话，还有完没完了。"但还是把"确认改善的结果"和"将改善进行横向传达"这两件事牢记在了心里。后来，这位员工回忆起当时的事情，并说："这两件事成了我之后工作的基本原则。"

随着公司规模不断扩大，"共享信息"会变得越来越难。在这种情况下，横向传达也就变得格外重要。如果不进行横向传达，那么没有效率的事情就会频繁发生。比如，A部门进行了很好的改善，而B部门、C部门也有同样的问题；但由于没有进行横向传达，B部门和C部门从零开始进行改善。再比如说，A部门将工作中可能发生的危险扼杀在了摇篮里，B部门却对这些危险放任不管，因而引发了重大事故。如果真的发生了这样的事情，甚至连员工的安全都会受到威胁。

横向传达的活跃程度就等同于公司内的信息流通程度。横向传达可以说是防止"只顾自己"的这种排他性的一种"魔法"。

在横向传达中，在其他部门所做出的改善的基础上，加上自己部门的智慧，并对其进行更好地改善，才是最理想的状态。

05.
齐心协力的程度会拉开公司之间的差距

在公司内张贴"投入真心""团结起来"等标语，是不会对公司有任何实质性改变的。通过对工作环境进行具体地改变，如"设置能让大家谈笑风生的休息室"等，反而能轻易地使公司发生变化。

某企业的工厂生产效率很低，产品质量也很差。刚刚成为该工厂负责人的C认为**"员工齐心协力的程度会直接影响工作的质量"**，于是开始着手改善工作环境。通过重新粉刷食堂和休息室，使员工的心情变得舒适；通过对卫生间进行改造，使之变得更加干净整洁；就连人行道上凹凸不平的地方，也进行了修补。该工厂是赤字工厂，预算十分有限，但是C也尽可能地为员工营造出了一个舒适的工作环境。

仅仅通过这样的改善，员工的行动就因此发生了巨大的变化。明明没有人下达指示，员工却自发地把工厂从里到外打扫得干干净净；员工还自发建成了一个花坛，在里面种满了花；清理了池塘，使鲤鱼能在池塘里自由自在地游泳。工厂里荒芜的感觉一扫而光，取而代之的是员工的笑脸和他们元气满满的精神状态。不用说，生产效率和产品质量自然也都得到了提升。

丰田曾经把团队合作称为"互助运动"。大野耐一经常说："在生产现场中，**要把产品看作接力赛中的接力棒，来进行交接。**"在田径比赛中，接力赛的成绩并不是由所有参赛队员所花费的时间总和决定，而是由交接接力棒的熟练程度决定。

公司也是一样的。如果大家能齐心协力地工作，一起完善公司的体制和工作环境，那么生产效率和产品质量都会得到很大的提升。

06.
还有我能帮忙的事情吗

工作就是思考"可以为顾客做些什么",也就是所谓的"入市观点"。如果陷入凡事优先考虑自己而"无视消费者"的状态,是无法很好地完成工作的。丰田模式认为,**"前一道工序是神,后一道工序是顾客"**,"入市观点"[①]在公司内部也适用。

丰田员工D作为生产负责人去了某个企业,并从上一任负责人手里接过了工作交接书。上一任负责人对他说:"按照上面写的内容去做就没问题。"但是,D并没有阅读工作交接书里的内容,而是直接去拜访了负责对接生产部门工作的流通部门和销售部门,并对这两个部门的员工说:"请大家提出10个对生产部门的要求,并给它们排出优先顺序。虽然我们不能一次性全部做到,但是会从最优先

[①] 入市观点是指当企业进行生产或销售活动时,应优先关注能满足消费者需求的产品的观点。——译者注

的开始做起。"

结果，大家提出的全都是交接书中没有的内容。自己所想的事情通常和顾客想让自己去做的事情是不一样的。知道了这一事实的D在准确地掌握了后一道工序的要求之后，开始了自己的工作。

实践丰田模式的企业会认为"后一道工序的负责人也是'顾客'"。比如，虽然零件物流部门的工作是备齐零件，然后把这些零件送到负责进行组装的生产线上，但是在这之前，他们会先对这些零件进行简单地组装。虽然这并不是他们的本职工作，但他们认为这样做可以对负责后一道工序的员工们有所帮助。

虽然，最初也会有员工觉得"为什么我们要做这些额外的工作"，但渐渐地，他们也理解了"自己做的工作越多，整体生产效率的提升也会越快"这一道理。不久之后，大家已经养成了习惯，经常会问负责组装零件的员工"有没有感到为难的事情""还有我能帮忙的事情吗"，公司的工作也因此进行得非常顺利。

07.
友好地吵一架吧

工作团队内员工之间的关系与"好友俱乐部"里朋友之间的关系是不同的。丰田英二曾经有以下论述。"所谓团队合作，并不仅仅是大家相处融洽、齐心协力地去做某一件事。**真正的团队合作是员工之间可以没有顾虑地发表自己的意见。然后，大家一起对彼此的意见发表看法，有时甚至会吵架。在通过这种方式决定了最佳方案之后，员工就可以团结一心、齐心协力地向前迈进了。我认为必**须要发扬这种团队合作的精神。"

在丰田模式中，没有单方面"听取他人发表意见的会议"。所谓会议，就是在所有参会人员都能理解和接受之前，不断地进行讨论，直到大家拥有共同行动的意识。会议是为了让员工产生集体感的场所。

丰田汽车公司在创立新的"雷克萨斯"品牌时也是如此。员工对此进行了激烈的讨论。不可能只通过一两次会议就做出决定。大家把自己的想法都说出来，然后不断地进行讨论。像这样，基于各种角度和立场的意见不断喷涌出来，甚至到了几乎"吵起来"的程度。

最后，会议主持人以"虽然进行了各种各样的讨论，但是我们的目标难道不都是能为后世留下什么吗"这样一句话总结了大家的讨论。会议结束后，大家就开始团结一心地投入到工作中去了。

对于这种社风①，时任丰田汽车公司社长的渡边捷昭（曾任丰田汽车公司顾问、日本经济团体联合会副会长）将其称为"友好地吵一架"。渡边捷昭说，"要想提高团队的能力，成员之间就要互相把自己想说的话说出来。如果不能说出自己的真心话，那么就无法正确地理解彼此的意见和想法。通过互相发表建设性的意见，可以加深彼此之间的理解，1加1不等于2，而是可以等于3或4。"

---

① 社风指公司里的风气。——译者注

08.
必须改变错误的规则

　　有没有规则原理主义者呢？"如果违反规则，就不予认可""不管怎么说，因为这是规则，所以必须遵守"，以这样的理由使公司内的气氛凝固，使同事们的工作变得难做，这样的人被称为规则原理主义者。规则本来是为了让公司员工工作起来更加方便，为了能对员工的工作有所帮助而存在的。而丰田模式反而会提倡对规则进行灵活变通。

　　成为实践丰田模式的某企业工厂负责人E对劳务负责人提出了两个提议。"负责涂装的员工的工作服经常又脏又臭，可能是他们自己也注意到这一点，所以他们不会在食堂吃饭，而总是躲在工厂的角落里吃饭。所以，能不能多发一些工作服给他们呢？""和女员工的数量相比，女卫生间的数量很少。休息时间时，女卫生间门口经常会排起长队。所以能不能错开员工的休息时间呢？"按理说，这两个提议都是可以立即执行的提议。

但是，劳务负责人非常固执地说："因为规则就是这么规定的，所以不能更改。"

于是，E和劳务负责人进行了一番争论："规则是谁定的？是公司规定的"；"制定这些规则是为了谁？是为了公司"；"现在对于公司而言非常重要的员工都因为这些规则而受到困扰，所以不能改变一下这些规则吗？""不行，规则不是可以轻易改变的东西"。最后，劳务负责人好不容易才同意更改了规则。以此为契机，该劳务负责人得以从"规则原理主义学院"毕业，开始积极地推动工作环境的改善。

丰田模式认为，**"必须改变错误的规则"**。

但是，这也并不是说可以随意地打破规则。虽然遵守规则是理所应当的事情，但当员工觉得"很奇怪""很难执行"时，就是应当改变规则的时候。"因为是规则，所以必须遵守""因为是已经决定好的事情，所以不许有怨言"，像这样的说法，只是对改善的怠慢。

09.
自己制定规则

虽然操作指南和丰田模式的"标准化作业"看起来很像，但实际上大相径庭。

两者的相似之处是都对操作的顺序进行了详细的规定。为了确保产品质量和安全，员工需要认真地按照所规定的操作顺序进行操作。

两者的不同之处是操作指南并不认可员工在操作现场对其规定的内容进行更改。与此相反，标准化作业却认为每天对内容进行更新是很好的一件事。根据现场员工们的智慧进行改善，是丰田模式标准化作业的特征。

因此，丰田模式从一开始就没打算制定出一个完美的标准化作业模式，而是觉得先把目前在工作现场做的工作书面化就可以了，即使不太成熟也没关系。但其实，这样做反而会更容易产生智慧结晶，"这里这样做会比较好""这样改一下的话，做起来会更轻松"。养成员工善于发挥智慧的习惯也是丰田模式标准化作业的目的之一。在一步一步进行改善的过程中，不断接近完美。能不断添加工作现场智慧的标准化作业，才是真正优秀的标准化作业。

最初形成的标准化作业是"已经被决定好的"。如果员工被上司教训说"别说三道四的，认真遵守就行了"，那么很可能员工会对此感到反感。但是，如果是通过员工自己发挥智慧而制定出的标准化作业，那么这个标准化作业就是"自己所决定的"，应该没有人会反对自己决定的事情吧。

在丰田模式中，"如果不想遵守已经决定好的事情，就自己去制定规则"。这句话的意思就是，将"遵守已经决定好的事情"这种被动的姿态转变为"遵守自己决定的事情"这种主动的姿态。

"按照操作指南进行操作"和"按照标准化作业进行操作"之间的差别就是如此。

10.
写在一张 A3 纸上

制作大量资料不仅会浪费制作资料的时间、阅读资料的时间，还会浪费纸张。极端地说，在做报告时分发给大家的资料，其实只是浪费了阅读者时间的无用之物。

大野耐一曾被邀请出席某个有关工作改善的报告会。他说："所谓改善，就是要消除浪费。为什么要举行这种制作多余资料的改善报告会呢？去现场看一下，不就能明白到底进行了什么改善了吗？明明消除浪费才是你们的工作，而你们却在制造浪费。"

但这也并不是说不需要任何资料。大野耐一又继续说："不要制作过量的资料。"

如果把时间都花在阅读没有帮助、没有价值的资料上，那么最重要的、视察工作现场的时间就会被剥夺。这是大野耐一想说的。

为了能制作出有帮助的、有价值的资料，在丰田模式中有"把资料简洁地写在一张A3纸上"这一不成文的规定。

这并不是一件容易的事情。"那个，还有这个，为了以防疏漏都写上"，像这样增加内容是很简单的。但是，当想要删减内容时，就需要对想传达的内容进行认真的思考。制作简洁的资料会比制作繁杂的资料花费更多时间。

　　但是，在这种情况下所花费的时间绝不是浪费。因为在这个过程中，可以锻炼资料制作者的思考能力和表达能力。而且，对阅读资料的人来说，在看到简洁明了的资料后也能立刻抓住重点，快速地判断出对错，从而节省大量时间。

　　资料的价值是由它的简洁程度所决定的。

11.
调走最优秀的员工

在丰田模式的运营法则中有这样一条准则："在进行员工调动时，要调走最优秀的员工。"也就是说，当要从某部门或科室中选出一名员工将他调走时，要选择那名最优秀的员工。

一般情况下，通常会将工作成绩不佳或难以相处的员工调走，因为大家普遍认为这样做可以保证该部门的竞争力。但是，丰田模式并不这样认为。

有一次，某部门的上司对于该部门一名完全不听上司指示的员工，无奈到了极点。于是，该上司向大野耐一说："他完全不能有效地推进工作，所以能不能换其他的员工代替他。"大野耐一听后却驳回了他的请求。

"如果找别人代替这名员工，那么接收这名员工的部门该怎么办呢？接收他的部门的领导也会像你一样感到无奈吧。所以，**无论有多难，你都要尽心尽力地教会他。**"

没有一名员工会想把自己的公司变得越来越差。丰田模式认为，如果员工无法发挥出自己的能力，那么就是管理者和经营者没有做好。

实践丰田模式的某企业领导F在为了提升事务部门的竞争力而缩减员工时，对各部门的领导说："不要把做得不好的员工或不听吩咐的员工调离岗位，而是从最优秀的员工开始。"听到F这样说，各部门的领导极力反对，"如果这样做的话，工作会没办法顺利进行的"。但是，F依然不顾他们的反对，动用自己的权力强迫他们按照自己所说的去执行。

于是，不可思议的事情发生了。在此之前一直依赖优秀员工的其他员工们开始积极地投入到工作中去，之前评价很低的员工也有所成长。从部门整体来看，工作效率也比以前更高了。

这样的结果正如F所想。被调去别的部门的优秀员工在面对新的挑战时会继续努力，而留在原部门的其他员工则会产生责任感和自觉性，从而发挥出自己的潜力。

12.
自己的领域要靠自己来守护

丰田模式的根基是"自己守护自己的领域"这种强烈的自力更生的思想。

比如，在开发皇冠车型时就是这样。当时因为丰田汽车公司的规模尚小，日本整体的工业能力也很弱，所以有员工提议和外国资本进行合作。但是，丰田英二果断地拒绝了这个提议，并主张自主研发。

丰田英二是这样说的。"虽然进行自主研发会很辛苦也很慢，我们的技术却会因此得到实际的提升。所以，国产化的方针绝不会成为我们企业发展路上的绊脚石。"

尽管借助外力产品开发会进展得很快，但这样做会很难培养出人才，所以早晚会停滞不前。如果进行自主研发，虽然刚开始会花费时间，但在这个过程中可以掌握真正的技术，之后也可以大踏步地向前迈进。这就是丰田英二当时的想法。将这种自力更生的想法直截了当地表达出来就是石田退三所说的"**自己的领域要靠自己来守护**"。

某大型企业的生产子公司G公司即将陷入赤字，因为他们公司的很多主导产品都依靠国外生产。即便如此，G公司也依然认为"总公司一定会对我们施以援手"而没有从"依赖他人"的想法中脱离出来。使他们完全改变这种想法的是总公司的新负责人，新负责人在就任后，非常斩钉截铁地说："总公司是不会给你们安排其他工作的。"只有通过自己的努力为自己开辟出一条道路，才能生存下去。

于是，G公司的员工下定决心进行丰田模式的生产改革，自己制造生产线和机器。结果，G公司的生产力有了飞跃性的提升。几年后，G公司在产品品质和生产力方面都稳坐第一的宝座。

正是"自己的职场要靠自己来守护"这种觉悟使G公司发生了这种翻天覆地的变化。

🚗 丰田语录

　　在提升各个分公司凝聚力的同时，也要将各个分公司所拥有的特殊技术和特长结合在一起。仅仅扩大公司规模并不是什么本事。

——奥田硕

　　即使是通过团队合作来完成某项工作，也能看出员工之间的差距。团队合作是员工提升自我能力的一个契机。

——大野耐一

　　作为一个组织，最好能拥有看得到的凝聚力。

——丰田英二

第6章

**改善会被自然而
然地"结构化"**

01.
培养能发现浪费的眼光

在丰田模式中，有七种浪费。它们分别是"生产过剩的浪费""手头上的浪费""搬运的浪费""加工产生的浪费""库存的浪费""动作的浪费""生产出不合格产品的浪费"。实际上还有许多种浪费，但大野耐一从所有浪费中总结出了这七种具有代表性的浪费。

丰田模式就是要发现并彻底消除这些浪费，从而实现"更好、更快、更便宜"的目标。

虽然这些目标看起来好像很容易，但实际上在刚开始时会经常受挫。这是因为全公司对于"什么是浪费"这一点并没有达成共识。

比如，即使有许多半成品（正在制造中、尚未完成的产品）或零件被积压在仓库里，不认为"这是库存浪费"的人会把这件事理解为"这对于顺利地推进生产是不可缺少的，有很多库存是一件好事"。而事实上这种库存积压只会让资金流动陷入困境。

为了能在看待某种事物时立即判断出这是不是浪费，首先必须弄清楚"什么是浪费"。这在丰田模式中被称为"培养能发现浪费的眼光"。此外，不要漫不经心地对待工作，而要一边问"为什么"一边观察，一旦注意到浪费，就要立刻思考"该怎样做才好"。通过不断重复这个过程，就能逐渐拥有发现浪费和彻底消除浪费的能力。

大野耐一曾说："要想消除浪费，首先要有能发现浪费的眼光，然后再思考该如何消除浪费。无论什么时候都要把消除浪费这件事坚持下去。"

02.
让所有员工知道"什么东西在哪、有多少"

整理会对生产效率产生很大的影响。如果东西杂乱无章，或用只有管理者才知道的方法进行整理，那么在找这些东西时就会浪费很多时间，而且还会打破原有的计划，并因此消磨干劲。

想引入丰田模式的经营者A在丰田的工厂观摩时感叹道："丰田的工厂里竟然没有正在找东西的人。"

丰田模式的整理是"让所有员工都知道什么东西在哪、有多少"。但是，在A的公司里，几乎没有人知道材料和零件的准确位置。在仓库里放不下的东西就会被堆到货场。这样一来，在工作前，在仓库或货场里寻找自己需要的东西时，就必须把自己跟前或堆在上面碍事的东西先挪开，然后再开始找。这种麻烦的操作是无法避免的。

这种操作在A的公司里被视为"工作"，但是在丰田的工厂里，会被认为是没有任何价值的劳动。

A在意识到自己公司的巨大浪费之后，立刻开始进行了省去"寻找""搬运"等浪费性工作的改善活动。然后，将公司调整到一个"能在需要的时候立刻拿出需要的东西"的状态。以此为契机，A的公司的生产改革也得以顺利地进行下去。

不仅限于工厂，无论在哪里都会有找资料、找数据等需要花费时间的事。是像A的公司一样，把这些时间看作是"工作"，还是像丰田汽车公司一样，把这些时间视为"浪费"，其生产效率会完全不同。越能用尖锐的眼光发现"什么是浪费"，越能有效地推进改善活动。

03.
浪费时间就是浪费生命

丰田模式认为，"浪费时间就是浪费生命"，因此十分重视速度。但这里所说的速度并不是指慌慌张张地催促别人"快点做"，而是"能自然而然地尽快完成"。

"二战"后，日本出现了用一次纺织机就能赚一万日元的"纺织万元户"这种说法，以此来形容当时经济的繁荣景象。在那段时间里，女性员工穿着轮滑鞋在工厂里来回穿梭，就是为了能尽快赶到断了线的纺织机边上，把线重新系好。

但是，丰田模式并没有采取"线断了就需要尽快赶过去系上，让员工穿上轮滑鞋在工厂里到处跑"这种武断的做法。丰田模式坚决避免使用这种容易导致事故发生。

丰田模式首先从"不能让线变得难断吗""不能生产出断不了的线吗"这种根本的层面对其进行改善。在此基础之上，再对操作方法进行合理的改善。

在这时，"时间是动作的影子"这种思考方式尤为重要。

换言之，"生产出不合格产品的原因是操作中出现了问题，所以为了能只生产出合格品，那么改善操作方法就可以了"。同理，"做得慢是因为动作有问题，所以为了做得快，那么改善动作就可以了"。就像要想在百米竞赛中跑得快，就需要有正确的姿势一样，如果能把动作变得轻松、易做，所花费的时间就能自然而然地缩短。总而言之，丰田模式的思考方式是通过改善动作来缩短时间。

作为领导，如果只看员工在工作中所花费的时间，然后催促员工说"再快点做"，是失职的。领导首先应该看的是员工在进行这项工作时的操作方法。

04.
目的是什么

　　在进行改善时，领导要经常意识到"目的是什么"，避免下属陷入自我满足的"改善游戏"。

　　改善的目的是服务顾客。当然，也是为了企业的发展。从获得发挥智慧的能力这一点来看，也是为了员工自己。但是，最重要的依然是为顾客着想。

　　某著名医院的院长B的苦恼是患者就诊等待的时间过长，患者等待1~2小时的情况很常见。在院长B的指示下，医院成立了改善小组。改善小组最初的想法是，为了能让患者在等待时有一个舒适的环境，所以对环境进行了改善。在候诊室配备了几台按摩椅，准备了杂志和报纸，连饮品也准备了好几种，供患者自由选择。这一改善受到了患者的好评。有些时间充裕的老年人甚至说："这样的话，等多久都可以。"

　　但是，这些改善只不过是治标不治本。院长B仍然认为，最重要的还是要缩短患者的等待时间，让患者能尽快有舒适的治疗。于是，院长B引入了丰田模式的改善方法。根据丰田模式的改善方法进行改善的改善小组成员在彻底地对医院进行整理整顿、提高事务性工作效率的基础上，把患者的病历用"告示牌"来代替，从而实现了流畅的诊断流程。在不断重复这种改善的过程中，患者的等待时间缩短了将近一半，满足了"想快点就诊""不想长时间等待"这类患者的愿望。

改善的目的就是要实现顾客最期待的服务、解决让顾客最苦恼的问题。作为领导，要经常站在顾客的立场上思考。

05.
不要说"只有我才能做到"这种大话

当某项工作需要员工具备极强的能力或特殊的才能时，会有"只有那个人才能做到"的情况出现。但是，在一般情况下，"只有那个人才能做到"的工作，会成为提升生产效率的阻碍。

C公司在刚开始进行丰田模式的生产改革时，公司里有无数的"那个人"。只有拥有丰富经验的"工匠"才能对某机器进行调节；只有"负责看管仓库的人"才知道仓库的哪个位置放置了什么物品；销售成绩的第一名常年被一名"天才"占据。C公司把这样的人看作财富，十分依赖他们。但是，在推进丰田模式改善活动的过程中，人们的想法发生了变化："说'只有我才能做到'这种大话的人，他们的工作是最不合格的。"

比如，"工匠"通过把调节机器这件事变难，来凸显"只有我才能做到"。但是，在推进丰田模式的改善方式之后，几乎所有员工都能简单地做到这件事。仓库的管理和销售的方法也是同样的道理。

丰田模式改善的关键是"把难的事情变得简单"。改善之后，不再有"只有那个人才能做到"的工作，也是理所当然的。

C公司在事务部门也进行了同样的改善。于是，之前一直被视为专业性极强的工作中的绝大部分都通过标准化作业而变成了大家都能完成的工作。

某位丰田员工曾说："我的任务就是通过改善，把自己的工作变成'不需要'的程度。"人们总是倾向于完成只有自己才能完成的工作，以此来体现自己存在的意义。但重要的是，要把工作变为谁都能做的工作。如果一个人能把自己的工作变成'不需要'的程度，那么他反而会成为一名能干的员工，并因此受到大家的欢迎。

06.
改善是有顺序的

如果想培养人才、提高员工的生产效率，就要一步一步脚踏实地地去做。有些人在了解了丰田模式的厉害之处后，就想在极短的时间做到像丰田一样的程度。但是，这样就无法**"培养出能发挥智慧的人"**，也无法**"形成凝聚了集体智慧的工作环境"**。

某大型企业D的管理者去丰田的工厂进行了实地考察。虽然D公司自己的工厂里也在使用很多最新的机器人，结果却没有像预想的那样能够降低成本。D公司的管理者想知道"怎样做才能像丰田一样成功地降低成本"。

来到丰田汽车公司的工厂之后，D公司的管理者看到了自己公司和丰田模式的不同。比如，在丰田模式中，在引入新的机器人时，会把之前让旧的机器人做的工作暂时让员工来做，并借此机会找出需要对机器人进行改进的地方，找出更简单、更省钱的方法，然后告诉制造机器人的人。即使之后再引入新的机器人，丰田也会继续对其进行改善。

另一方面，D公司的领导几乎不会和员工在工作现场进行交流，工作现场的员工也只是按照上司所说的方法来使用机器人。所以，对于D公司来说，其实只是把原本需要员工做的工作变成让机器人来做，因而，浪费现象完全没有被消除。

这样一来，不仅不能降低成本，甚至很可能会增加成本。改善也几乎没办法进行下去。D公司的管理者回到公司之后，把在丰田汽车公司学到的东西告诉了自己的员工。在这之后，D公司的生产效率才开始逐渐得到提升。

在丰田模式中，有句话叫作"改善是有顺序的"，也就是说要按照"改善操作→改善设备→改善工序"这一顺序来开展改善活动。在不断积累小的改善、不花钱的改善的基础上，再进行大的改善、需要花钱的改善。只有这样做，改善活动才能发挥出真正的作用。

07.
在整顿增产体制时，也要做好向减产体制过渡的准备

无论是个人还是企业，都一定会遭遇几次重大危机。能否度过危机，取决于日常的"基础工程"。

"基础工程"一词来源于大野耐一常说的"让基础工程暴露在雨中"。越是在经营情况良好的时候，越要认真地进行改善活动。

在产品一售而空的时期，无论采取什么做法都能获得利润。在这种时候，即使认真地践行丰田模式、不断进行改善活动，也不会收获明显的效果。但是，大野耐一非常重视这种踏实努力的态度，并把这种踏实努力的工作态度称为基础工程。在可以花费大量金钱进行设备投资或增员时，要敢于通过对已有的机器发挥智慧来处理问题，要敢于利用目前有限的员工来进行增产。如果能做到这些，那么即使在商品滞销的时期也能获得利润。

大野耐一曾说："企业在整顿增产体制时，也要做好向减产体

制过渡的准备。"

所谓改善，并不是等到经营不景气时才慌忙进行，而是在经营景气时也要一声不响地不断积累。在陷入绝境时，谁都能意识到需要进行改善，但在绝境中进行改善会历经千辛万苦。与此相对，在经营情况良好时进行改善是需要勇气的，但是一旦拥有了这份勇气，就能拥有应对困难的能力。1950年，丰田喜一郎为拯救濒临破产的丰田汽车公司而辞任社长。他曾说过："为了能顺利渡过一生中只会经历一两次的致命的危机，我们必须从日常开始留心，进行长时间的准备。"

08.
不要仅仅满足于描绘蓝图

"在做生意时，要有明确的目标。一旦确立了目标，就要去完成它。如果仅仅满足于描绘蓝图，公司会越来越差。"

这是奥田硕曾说过的话。不仅限于做生意，在平时，我们通常也会设立很多目标、制定很多计划。在设立目标时，我们通常会干劲满满，但是没过多久就会觉得"算了，就这样吧"，即使最终没有实现目标也会觉得这是"没办法的事"。

另一方面，丰田模式追求"把事情做到最后"。

比如，改善的天敌之一是"改善的横向波动"。在进行改善的过程中会有这样一段时期：在表面上看起来已经消除所有浪费现象之后，员工们会错误地以为"浪费现象已经彻底没有了"。而在这种时候，恰巧又通常是公司开始实现盈利的时候，所以员工会觉得很满足。

这种情况就是横向波动。"反正也有收益，所以就休息一会儿吧。"一旦开始这样想，改善活动就会停滞不前。只有觉得"这样还远远不够，再设立更高的目标吧"，才能飞跃到未知的高度。

　　某食品生产商在开始进行丰田模式的生产改革时，找到了十几年以前的文件资料。这些资料是该公司当初在引入丰田模式时所记录下来的。实际上，该公司曾经尝试过引入丰田模式，虽然在当时有了一些成果，但是当改善活动停滞不前时，该公司就停止了改善活动。了解当时的情况的员工是这样说的："我们公司对于自己觉得好的东西会立刻引进，却不会秉持着执念坚持到底。虽然喜欢新鲜事物，但却不能长久地坚持下去，这是我们公司的缺点。"

　　丰田模式所追求的是"如果觉得好，就坚持做下去""直到改善成为习惯之前，会一直进行下去"。坚持是最大的优点。

09.
在彻底地进行改善后，其实就已经实现了改革

有的人会认为改善和改革是不同的。在他们看来，改善是不断积累的过程，而改革则是飞跃性的进展，这其实是误解。在现实生活中，通过进行彻底的改善从而实现改革并不是一件难事。

这是十几年以前的事情了。实践丰田模式的企业E把工厂的全部用电都改成了用太阳能发电。其实，E公司本来就很注重保护环境，在很早的时候就曾讨论过用太阳能发电。但是，那时E公司的用电量非常庞大，如果全部依靠太阳能发电，没办法提供足够的电量，所以就放弃了。

后来，事情发生了转机。由于一直在进行丰田模式的改善，通过改善，E公司得以废弃一直以来使用的传送带，并通过自己的能力，形成了新的生产方式，而这种新的生产方式可以把耗电量缩小到原来的70分之一。耗电量减少到这种程度之后，仅依靠太阳能发电就可以进行生产了。于是，公司下定决心正式引入太阳能发电，

157

由此形成了所有电力都依靠太阳能来供应的生产体制。这在当时可以说是划时代的举措。

E公司的领导回忆起当时的场景，十分感慨地说："彻底地消除浪费，就可以生产出环境友好型的产品。**在彻底地进行改善之后，其实就已经实现了改革。**"

实际上，培养人才也是同样的道理。张富士夫曾经说："**在培养人才时，要逐渐提高目标。**从最初的'改进工序"到'改进生产线'再到'改进整个工厂'，到最后'使整个公司盈利'。像这样，逐渐提高目标。

10.
可以把资料带回家，但却不能把现场搬回家

丰田模式的改善把"**现场实物**"作为根本。只有在去现场观察了实物和实际情况之后，才能发现问题所在，才能想出改善的对策。即使是在通过网络可以轻松获取数据的现代，也要贯彻"现场实物"的方针，加强警惕"看了数据就等于去看了现场"这种错觉。为什么"现场实物"如此重要？

张富士夫年轻时从事的是有关计算生产能力方面的工作。假设某台机器1小时的产量是250件，那么一天工作16小时的产量就是4000件。然后，以此计算出月产量，并将其和生产计划进行比较，计算实际的产量与计划的产量之间的差距，并对于是否需要加班、是否需要外购等进行预测。在没有电脑的时代，这是一项十分花费时间的工作。但是，张富士夫认为"这项工作对能否实现生产计划来说是十分重要的"，所以他非常认真地对待这项工作。但是，当他把做好的计算表拿给当时的工厂厂长大野耐一看时，却被训斥了

一通："你只会进行笨拙的计算，这让我很难办。为什么你就认为过去的成绩会原封不动地成为将来的基准？如果对工作现场进行改善，那么过去的成绩就不再具有任何参考价值了，不是吗？**如果你有做表格的时间，倒不如去现场看看，试着对工作现场进行改善。**"

结果，张富士夫就这样被打发去了工厂。但是，如今当他回忆起来时，非常感慨地说："在现场工作的那段时间，使我作为丰田员工的能力得到了真正的锻炼。"

某位丰田员工在他年轻时经常被领导这样说："**你能把资料带回家，但你没办法把工作现场搬回家。**"

无论哪个企业，平时好像都会忙于写资料、开会，能去工作现场的时间也因此被极大地缩减。但是，如果不去工作现场，就无法对工作现场进行改善。"员工应该做的不是书面的工作，而是去对工作现场进行改善"，这是丰田模式一直以来从未动摇过的思考方式。

11.
观察现场了吗

工作现场有无数可以推进改善的数据、难以用数字或词语表现出来的微妙动作和位置关系，以及只能用感觉来把握的色、香、味、触感和现场的氛围。看似不起眼的各种感觉实际上经常会成为进行改善的契机。所以，如果想推进改善活动，就要经常站在工作现场，在工作现场进行思考，这是非常重要的一点。

在实践丰田模式的某工厂里事故频发，所幸没有发生重大事故。为了处理事故，公司的董事F赶到了工厂。但是，在这之后没过几天，工厂内又发生了一起小事故。于是，F又立刻赶到了工厂。然后，他注意到了不可思议的事情。在事故现场，工厂的代理科长竟然不在。之前，这位代理科长在向F提交报告书时，对于事故的具体情况和应对措施就未能很好地回答出来，只会说"我去把负责人叫来"。于是，F问这位代理科长："你仔细观察现场了吗？"

结果，F发现不只是科长，其他上司也没有去现场看过。他们只是让年轻员工去现场，并写出报告书。作为上司，他们只是把员工写好的报告书读了一遍，然后输入电脑里。这样一来，是不可能做到避免事故发生的。

于是，F作出指示："不只是发生事故的时候，一旦发生任何问题，工厂的领导都要立即去到工作现场，思考改善的对策"。在这之后，该工厂发生事故的频率开始逐渐减少。

在工作现场可以注意到很多坐在办公桌前注意不到的问题。有些问题，作为年轻员工不方便直接指出；但如果是领导，就可以直接指出，并对其进行改善。不久后，工厂的员工都开始向之前一直被认为是不可能的"零事故"目标发起了挑战。

常问自己"观察工作现场了吗"是改善的关键。

12.
不要混淆目的和手段

假设营业的目的是"帮助顾客",那么,如果将其误解为"提高销售额",就无法推进改善活动了。丰田模式通过"不要混淆目的和手段"这句话来提醒员工避免误解。

在丰田模式刚开始受到关注时,某企业的领导对大野耐一说:"我们公司也要引入'告示牌',所以想请你来看看。"大野耐一去了该公司之后,看到了花费高额原材料制成的漂亮的告示牌。但告示牌的关键使用方法是丰田模式的原则,该公司的人却无视了这一点。

告示牌只不过是为了达成降低成本这一目的而使用的手段。如果告示牌用起来很费劲,那么只要遵守"后一道工序负责引导前一道工序"这一原则,就没必要非要勉强使用告示牌了。就像本书前文所提到的那样,后一道工序是在必要时向前一道工序索取必要的东西,前一道工序只是对后一道工序所欠缺的部分进行补充生产。

但是，该企业把设立告示牌这件事情误解为目的，并以一种"只要使用告示牌，就是丰田模式"的错觉来使用告示牌。

像这样将手段变成目的的例子并不少见。

比如，某工厂张贴了很多彩色图表，并以此自夸"这是学习了丰田模式的'可视化'"。但是，实际上该工厂的材料、零件等堆放得乱七八糟，非常陈旧的物品也混杂其中，完全没有人对其进行管理。其实，对其进行管理并不是一件难事。只需要把材料到货的日期用油性笔写在实物上，就完成了"可视化"。在此基础上，如果能贯彻"先进先出"[1]的原则，就更好了。

可视化的目的是进行改善，而不是制作漂亮的图表。丰田想传达的观念是**"不要让可视化变成做样子给别人看"**。

---

[1] 先进先出（库存办法），是指根据先入库先发出的原则，对于发出的存货以先入库存货的单价计算发出存货成本的方法。这种方法的具体做法是：先按存货的期初余额的单价计算发出的存货的成本，领发完毕后，再按第一批入库的存货的单价计算，依此从前向后类推，计算发出存货和结存货的成本，这就是先进先出。——译者注

13.
创意是耐心

通常情况下，5W1H是指When（时间）、Where（地点）、Who（人物）、What（事件）、Why（为什么）、How（怎样做）。

与此相对，在丰田模式中，人们关注的是Why、Why、Why、Why、Why、How。这是因为"通过不断地问'为什么'，可以找到真正的原因并因此知道该怎样进行改善"。

在这个过程中，需要有耐心。耐心地观察问题、在找出真正的原因之前一直问"为什么"，才能真正地解决问题。

丰田模式认为，"创意是运用科学的方法进行设想；只要有耐心，谁都能想出创意"。

本书的前文中也曾提到过，支撑改善活动的"创意提案制度"之所以能发展到今天这样活跃的程度，是因为员工开始一起进行思考了。换言之，这项制度的实现所依靠的是团队整体的力量，而不是个人的力量。

有的人虽然"观察能力"很强，却很不擅长思考解决对策；有的人即使能想出解决对策，也很难将其付诸实践。既然这样，那么就把注意到问题的人、思考解决对策的人、将想法变为现实的人聚集到一起，使他们发挥各自的专长，然后大家一起制定改善对策就可以了。

　　在这种"三位一体的改善活动"开始之后，大家对于"创意等于发明"这样的误解也慢慢消失了，创意活动从最开始的一小部分员工扩展到了全体员工。首先，从相信"只要有耐心，谁都能想出创意"开始，改善活动就已经生根发芽了。

丰田语录

丰田改变了汽车，也改变了商业模式。

——奥田硕

在不知道该怎样做时，才是需要进行判断的时候。

——丰田英二

虽然别人总是和我说，"丰田一直在强调危机感"。但在这个充满竞争的社会里，这也是没办法的事情。如果在竞争中失败，就会走投无路。

——丰田章一郎

第7章

将远大的理想和可
靠的生意融为一体

01.
造出好车

当下属在现实中遭遇挫折时，就会很容易失去理想。在这种时候，领导的职责就是为下属指出理想的方向。下属通过将理想做对比，会反省自己的做法和价值观。改善和进步就是从这里开始的。

被2007年的"次贷危机"所动摇的世界经济在2008年又陷入了"雷曼危机"之中，就连当时营业额超过2万亿日元、处于良好状态的丰田汽车公司，业绩也急转直下。在这之后不久，就任丰田汽车公司新社长的丰田章男为了使丰田重整旗鼓，特意强调了"造出好车"这一回归原点的目标。丰田章男当时说："我注意到，其实在'雷曼危机'之前，大家制造汽车时的感觉已经发生了微妙的变化。大家是在制造金钱还是在制造汽车呢？虽然通过制造汽车，我们拥有了2万亿日元的营业额，但'造出好车'才是我们的目的。"

丰田虽然始终没有忘记要"造出好车"这一目标，但是如果过度强调销售额和利润，就会使理想的重心发生偏移。在不知不觉之间，丰田汽车公司的价值观可能就会从"生产好车"变成"生产能赚钱的车"。

苹果公司的创始人史蒂夫·乔布斯从很早开始就引进了丰田模式，并向"制造出改变世界的电脑"这一理想不断迈进。但是，在乔布斯被公司开除期间，苹果公司的价值观却发生了改变，变成了以利益为重。价值观发生改变之后，投资方、员工的升职和聘用等，也全都跟着发生了改变，苹果公司因此发生了巨大的改变。这样一来，虽然苹果公司在短时间内保持了较好的业绩，但是生产产品的能力直线下降。不久后，重新回到苹果公司的乔布斯通过恢复"制造改变世界的产品"这一价值观，对苹果公司进行了重建。

02.
有志者事竟成

梦想的大小与热情的多少息息相关。热情和志向是可以"传染"的。领导将自己的热情传递给下属,下属满怀热情地完成工作,这是工作的理想型之一。

有志者事竟成。

努力的程度和工作的成果通常并不成正比,经常会有虽然付出了努力,却没能收获成果的情况。但是,只要志向是正确的,早晚都能取得成果。

车辆组装的最后阶段是检查车辆是否漏水的淋浴测试,而A当时所负责的工作就是想办法省去"淋浴测试"这一步。在丰田模式中,会进行"省去理所当然存在的东西"的"less(更少)活动"。而在less活动中,最开始进行的就是省去"淋浴测试"。

要想达到不需要"淋浴测试"的目的,就要保证所有可能导致漏水的因素都"百分之百被消灭"。即便如此,丰田汽车公司仍然对于省去作为业界常识的"淋浴测试"而感到不安。很多人都问曾担任丰田汽车公司技术总监的A："这样做真的没问题吗？"

A是这样回答的："这件事如果能成功，**丰田就是世界上独一无二的**。所以，尽情地挑战吧！"

之后，通过对超过2000个要素进行改善，丰田汽车公司实现了之前被认为是不可能的"shower less"（省去"淋浴测试"）。

当下属因为受到他人反对而灰心丧气时，作为领导，要能给下属提供强有力的支持。"有志者事竟成"就是领导在这时需要对下属说的话。

03.
进行改善，直到能做到

丰田模式的产品制造将"人类友好型"作为目标。这其中有两个含义，一是"有益于人类"，二是"操作简单"。

有益于人类

将需要力量或只有年轻人才能进行的操作转变为女性和老年人也能进行的操作。首先，将搬运重物的操作机械化。此外，改善操作的姿势，营造安静、舒适的环境等。

操作简单

只用嘴说"别犯错""集中精神"是无法避免错误发生的。重要的是对体制进行改善。比如，如果把零件杂乱地堆在一起，就不得不经常花费时间找零件，而且还容易找错。如果只放置需要的零件，那么犯错的概率就会降低很多。对于一次只能拧五个螺丝的人来说，如果一次性递给他几十个螺丝，他就会很容易有遗漏。所以，如果每次都递给他五个螺丝，就可以避免发生错误。

年轻的丰田员工B在工作现场进行改善时，发现有好几个人不能顺利地进行操作。在不断向他们进行说明的过程中，B越来越生气，逐渐开始用命令的语气说："就是这么做啊！"于是，大野耐一对B说："他们之所以做不好是因为操作方法有问题。不要不分青红皂白地对他们说'这样做就行了'，而要去调查他们'为什么做不好'，然后帮助他们进行改善。只是催促他们快点做或逼迫他们去做，无法解决问题"。

于是，B重新研究了他们的操作方法，帮助他们进行了改善，从而实现了"人类友好型"的操作。

04.
正直地、踏实地、彻底地

领导的职责之一是决定工作的底线在哪里，如果不事先决定，那么很可能会在下属逐渐偏离目标时也无法注意到。

产品制造的根本是5S。5S是指整理、整顿、扫除、清洁、训练，在这之中，整理和整顿是底线。①

某大型电气公司在开始进行丰田模式的改革时，最初进行的也是整理和整顿。无论是位于全国的仓库还是几十台的工业用车，里面的物品都堆积如山，一旦开始施工，就会发现"里面没有自己需要的东西，或者全是没用的东西"。大野耐一曾说过："**公司仓库里的东西越多，真正有用的东西越少。**"该公司的实际情况可以说正是如此，离丰田模式的基本要求——"在需要时找出需要的东

---

① 这里的 S 是指整理、整顿、扫除、清洁、训练这五个单词日语假名的第一个字母。——译者注

西", 相距甚远。

　　于是, 该公司首先对这些物品进行了整理, 扔掉了那些很长时间都没有用过的东西。然后, 对公司进行了整顿, 使每名员工都能知道每个物品在哪、有多少, 并且能立刻找到。之后, 为了不再回到原来的状态, 该公司规定使用过的东西一定要放回原来的地方。仅仅通过进行上述的整理和整顿, 该公司就省去了几千万日元。

　　有人会说: "事到如今再进行整理和整顿还来得及吗? "但是, 能把整理和整顿贯彻到什么程度, 是由现场的实际情况来决定的。

　　丰田模式十分重视企业进行改革时的态度。即使是作为底线的整理和整顿, 也不要对其偷工减料, 而要认真地去做。虽然这样做并不能很快地提高销售额。但是, 如果不能守住这条底线, 那么规则就会被打破, 就会给销售带来不好的影响。

05.
把"去工作"变为"去发挥智慧"

作为领导，想要集结最优秀的员工，打造一个"梦之队"的设想，通常是行不通的。通过集结有共同理想的普通人，才能真正打造出"梦之队"。

改善活动也是如此。如果想依靠仅有的几名精英员工来想出创意，改善活动就会止步不前。从所有员工都能拥有享受"发挥智慧"的乐趣开始，改善活动才能有肉眼可见的进步。

在某企业的工厂中，员工们都在一边走一边拧螺丝。起初，员工都觉得，"难道不是坐着不动的时候更好拧吗"。但是，工作现场给出的答案是："如果一直坐着不动拧螺丝，反而会感到疲劳，会想睡觉。实际尝试一下就会发现，一边走动一边拧螺丝，会更轻松。"

这一划时代创意的产生是在该公司开始进行丰田模式的生产改革之后。在此之前，该公司的工作非常单调，员工总是一边看着表，一边想"怎么还没到下班时间"。

但是，丰田模式的优越之处就是能对员工在意的事情进行改善，使员工的工作变得轻松，使生产效率得到提升。在了解了丰田模式的这一优越之处后，该公司员工的想法也发生了转变。晚上，当他们回到家以后，会对在工作中意识到的问题进行思考，然后可能就会突然想出一个好主意。第二天早上，他们为了能早一点去公司验证自己的想法，会一大清早就飞奔到公司里。

　　在丰田模式中，对于这种想法的转变有如下论述："**去公司这件事从'去工作'变为了'去发挥智慧'。**"

　　如果员工能共同拥有同一种期待，改革就能轻松地进行下去。

06.
不要以"一鼻之差"[①]取胜，而要超过对手很多圈

　　领导在达成目标后的态度决定了企业的未来。在达成目标后，领导要提出新的梦想和更高的目标，不要让企业中产生"再按照之前的做法来做就可以了"的氛围。一旦满足于目前的成功，员工就会停止成长，企业的发展就会陷入僵局。

　　丰田集团的C公司将某零件的成本降低了两成。这是一个非常大的进步，所以C公司的员工都对此感到非常有成就感。因为这个零件已经在世界上被公认为是最便宜、最优质的零件了，所以丰田的员工都认为同行业的其他公司不可能超越自己。

　　但是，下来视察成果的丰田汽车公司的董事在对成果进行赞赏之后，说道："两成左右的差距很容易就会被别人追上。所以，不

[①]　"一鼻之差"是赛马用语。指到达终点时两匹马之间的差距只有鼻尖那么一点，形容极微小的差距。——译者注

要放松，再继续努力进行改善吧。"

当然，这位董事其实也清楚，C公司已经和同行业其他公司拉开了很大的距离。但是，他之所以号召大家继续努力，是因为他深知停止改善的后果。

在接收到上层领导的指示后，C公司开始进行了将成本缩减一半的挑战。

丰田模式认为，"**为了能在激烈的竞争中突出重围，不要以一鼻之差取胜，而要以超过对手很多圈的方式取胜**"。

曾任通用电气公司CEO的杰克·韦尔奇，由于积极引入丰田模式而被人们所熟知。他曾说过："某个团队曾提出要把跑在前面的竞争对手和自己公司如今所处的位置调换过来。这个方案的背后其实默认了这样一个前提，即当自己的团队在开发新产品时，竞争对手们都在睡觉。然而，在现实世界中，不可能会有这样的事。"

07.
不要向对方说"便宜点卖给我"，而要让对方主动说"可以便宜点卖给你"

20世纪70年代中期，一部分媒体曾大肆报道"丰田赚得太多了"，批判丰田汽车掠夺合作公司的利益，只顾增加自己公司的利益。对此，丰田英二进行了反驳。"丰田汽车公司所获得的利益并不是从几百家合作公司手里无情地掠夺过来的，而是在他们获得利益之后，丰田汽车公司随之一起获得了利益。比起在别处购买便宜的零部件，想办法让合作公司能主动便宜地卖给我们，是更合理的做法。"

降低成本最简单的方法是降低从合作公司购买产品的价格。但是，就像丰田英二所说的那样，丰田模式认为，"如果自己不做出任何改变，就要求合作公司'降低价格'，那么就是在掠夺合作公司的利益"。

不要只想着自己什么也不做，就让对方能便宜点卖给你，而要思考如何既能让合作公司便宜点儿卖给自己，也能让他们获得利益，这就是丰田模式的思考方式。

因此，丰田汽车公司以及实践丰田模式的企业在请求合作公司降低成本时，经常会派自己的员工去合作公司指导他们进行生产改革。不是只在嘴上说说"降低成本"，而是和合作公司一起发挥智慧，思考"怎样做才能实现减少浪费"，并不断对其进行改善。

单纯地通过要求合作公司"便宜点卖给自己"这种方式来降低自己公司的成本，是不可能长久的。这样做会削弱合作公司的实力，降低自己公司的改善和改革能力，从而导致合作双方的综合实力下降。所以，想办法让对方公司主动说出"可以便宜点卖给你"是非常重要的。

这样的话，即使花费了较多时间，也能最终实现共赢。

08.
越是困难、麻烦的事情，越要在公司内部完成

在丰田模式中，人们不会轻易地把降低成本这件事交给外部（合作公司）来完成。同样，也不会轻易地把麻烦的、困难的事情交给别的公司来完成，而是选择在"公司内部"完成。

20世纪70年代，由于美国颁布了《马斯基法》[①]，人们对防止大气污染的意识逐渐增强，与汽车尾气相关的规定也更加严格。在这时，对于这些过于严格的规定，汽车制造商的反应出现了两极分化。美国三大汽车公司（通用汽车公司、福特汽车公司、克莱斯勒汽车公司）一直在谋求推迟规定的生效日期，而丰田等日本的制造商则在积极地进行技术研发。因为这是非常重大的课题，所以有的制造商选择放弃了自主研发，而是向专业的公司"购买技术"。

[①] 《马斯基法》是美国1970年颁布的规范汽车尾气排放量法律的通称，以提出法案的上院议员马斯基的名字命名。——译者注

但是，丰田英二始终保持的态度是"**在我们自己的公司里完成这件事**"。

丰田英二给出的理由是，"如果向其他公司购买核心技术，一旦发生意外情况，就会非常难办""不能让其他公司来背负'不知道能不能做到'的风险"。

丰田汽车公司自力更生的思想始终如一，在开发普锐斯车型时也是一样。虽然当时公司里没有半导体专家，但丰田汽车公司还是建成了制造半导体的新工厂。如果公司拥有过硬的核心技术，那么即使委托其他公司来做，在出现问题时也能很好应对。

如果因为觉得麻烦而把所有事情都交给其他公司来做，就会因为没有掌握基本技术而无法对公司进行改善。虽然，直接对其他公司说"就按这个预算金额，在这个规定的时间里做完"，这样做是很轻松的，从表面来看也很有效率。但是，以长远的目光来看，这其实是一种削弱自身竞争力的选择。

09.
放眼世界，会发现无数珍宝

丰田模式的体系可以说是一直面向理想，不断地修正自己前进的方向。这一体系的重要内容之一就是"连续的标杆管理"。所谓标杆管理是指通过和优秀的企业进行比较，发现自己公司的不足之处，从而实现最佳的改善和改革。

丰田从很早以前就开始进行标杆管理了。若松义人曾受到过大野耐一的直接指导，并且曾在众多企业中普及丰田模式。1963年，若松义人还是一名年轻的丰田员工，他当时的工作是对通用汽车公司和丰田汽车公司的成本进行比较。当时，通用汽车公司是汽车行业的领军者。假设丰田汽车公司生产某零件的成本是10 000日元，那么通用汽车公司生产该零件的成本就是5 000日元，当时的丰田公司和通用汽车公司之间就是存在着如此大的差距。若松义人通过提出"基准成本"这一新的创意，使这一差距可视化。对于某个零件来说，将通用汽车公司的5 000日元看作它的基准生产成本，然后用丰田汽车公司10 000日元的成本减去5 000日元的基准成本，剩下的5 000日元就被当作一种浪费，将其标注在资产负债表中。这5 000日元就是丰田汽车公司在这个零件的成本方面输给通用汽车公司的金额。

虽然人们经常倾向于认为，"知道和自己有巨大差距的企业之间的差额又能怎么样呢"。但是，丰田模式的做法是：树立远大的目标，然后在达成目标之前脚踏实地地坚持下去，一步一步地缩小差距。

这种丰田模式的做法在丰田汽车公司赶超通用汽车公司、成为世界级企业之后依然没有发生改变。丰田汽车公司放眼同行业的其他公司，不同业务、地域、企业规模，如果听说别的公司进行了好的改善就立刻去学习，并在发挥自己智慧的基础上，引进他们的改善方法。当年雷克萨斯在日本进行销售时，丰田汽车公司正在向酒店行业的翘楚丽思卡尔顿酒店学习，旨在提高自身的服务水平。

丰田模式认为，"放眼世界，就会发现有无数物美价廉的好东西"，所以要不断进行学习，不断进行改善。

丰田语录

如果认为现在已经到达了顶峰，那么也就不会再进步了。

——丰田英二

如果没有一个远大的目标，那么无论付出怎样的努力，最终都会失败。丰田一定不能这样。

——丰田章一郎

对于已经发生过的事情，无论再怎么回想，也没有任何意义。痛快地忘掉过去的事情，大步向前迈进吧。

——丰田英二

参考文献

　　本书中所引用的原话大多是我从若松义人先生那里听来之后记录下来的。除此之外，也有很多是我在对丰田员工或原丰田员工进行采访时所记录下来的内容。此外，还有一部分是引用自下述书籍，对此我深表感谢。

　　『トヨタ経営語録』小宮和行 PHP研究所

　　『豊田英二語録』豊田英二研究会編 小学館

　　『大野耐一の記録』熊澤光正 三恵社

　　『トヨタ語録』石田退三 WAC

　　『俺たちはこうしてクルマをつくってきた』日本経済新聞社編 日本経済新聞社